Zweiter Nachtrag

zur

Sammlung von Gesetzen, Verordnungen

und

Ministerialerlassen

für

bayerische Polizeiorgane.

Mit Inhaltsverzeichnis und Sachregister zu beiden Nachträgen.

München 1902.
J. Schweitzer Verlag (Arthur Sellier).

Preis 80 Pfg.

Zweiter Nachtrag
zur Sammlung von Gesetzen, Verordnungen und Ministerialerlassen
für bayerische Polizeiorgane.

I.

Nachtrag zum Reichsstrafgesetzbuch
(Sammlung S. 1).

Aenderungen und Ergänzungen durch Art. 34 des Einführungsgesetzes zum Bürgerlichen Gesetzbuche vom 18. August 1896 und die Reichsgesetze vom 27. Dezember 1899, vom 25. Juni 1900 und vom 12. Mai 1901 (Reichs-Ges.-Bl. 1896 S. 604, 1899 S. 729, 1900 S. 301, 1901 S. 139).

I. Im § 34 Nr. 6 werden die Worte: „Vormund, Nebenvormund, Kurator, gerichtlicher Beistand oder Mitglied eines Familienraths" ersetzt durch die Worte:
„Vormund, Gegenvormund, Pfleger, Beistand der Mutter, Mitglied eines Familienraths oder Kurator."

II. An die Stelle des § 55 treten folgende Vorschriften:
Wer bei Begehung der Handlung das zwölfte Lebensjahr nicht vollendet hat, kann wegen derselben nicht strafrechtlich verfolgt werden. Gegen denselben können jedoch nach Maßgabe der landesgesetzlichen Vorschriften die zur Besserung und Beaufsichtigung geeigneten Maßregeln getroffen werden. Die Unterbringung in eine Familie, Erziehungsanstalt oder Besserungsanstalt kann nur erfolgen, nachdem durch Beschluß des Vormundschaftsgerichtes die Begehung der Handlung festgestellt und die Unterbringung für zulässig erklärt ist.

III. An die Stelle des § 65 treten folgende Vorschriften:
Der Verletzte, welcher das achtzehnte Lebensjahr vollendet hat, ist selbständig zu dem Antrage auf Bestrafung berechtigt. So lange er minderjährig ist, hat unabhängig von seiner eigenen Befugniß auch sein gesetzlicher Vertreter das Recht, den Antrag zu stellen.
Ist der Verletzte geschäftsunfähig oder hat er das achtzehnte Lebensjahr noch nicht vollendet, so ist sein gesetzlicher Vertreter der zur Stellung des Antrages Berechtigte.

IV. Als § 145a wird folgende Vorschrift eingestellt:

Wer im Inlande Schuldverschreibungen auf den Inhaber, in denen die Zahlung einer bestimmten Geldsumme versprochen wird, ohne die erforderliche staatliche Genehmigung ausstellt und in den Verkehr bringt, wird mit einer Geldstrafe bestraft, die dem fünften Theile des Nennwerthes der ausgegebenen Schuldverschreibungen gleichkommen kann, mindestens aber dreihundert Mark beträgt.

V. Im § 171 Abs. 1 und Abs. 3 werden die Worte: „aufgelöst, für ungiltig oder nichtig erklärt worden ist" ersetzt durch die Worte:

„aufgelöst oder für nichtig erklärt worden ist".

VI. Die §§ 180, 181 und 184 werden durch nachstehende unter den gleichen Zahlen aufgeführten Bestimmungen ersetzt und die folgenden §§ 181a, 184a und 184b neu eingestellt:

§ 180. Wer gewohnheitsmäßig oder aus Eigennutz durch seine Vermittelung oder durch Gewährung oder Verschaffung von Gelegenheit der Unzucht Vorschub leistet, wird wegen Kuppelei mit Gefängniß nicht unter Einem Monate bestraft; auch kann zugleich auf Geldstrafe von einhundertfünfzig bis zu sechstausend Mark, auf Verlust der bürgerlichen Ehrenrechte sowie auf Zulässigkeit von Polizei-Aufsicht erkannt werden. Sind mildernde Umstände vorhanden, so kann die Gefängnißstrafe bis auf Einen Tag ermäßigt werden.

§ 181. Die Kuppelei ist, selbst wenn sie weder gewohnheitsmäßig noch aus Eigennutz betrieben wird, mit Zuchthaus bis zu fünf Jahren zu bestrafen, wenn

1. um der Unzucht Vorschub zu leisten, hinterlistige Kunstgriffe angewendet werden, oder
2. der Schuldige zu der verkuppelten Person in dem Verhältnisse des Ehemannes zur Ehefrau, von Eltern zu Kindern, von Vormündern zu Pflegebefohlenen, von Geistlichen, Lehrern oder Erziehern zu den von ihnen zu unterrichtenden oder zu erziehenden Personen steht.

Neben der Zuchthausstrafe ist der Verlust der bürgerlichen Ehrenrechte auszusprechen; auch kann zugleich auf Geldstrafe von einhundertfünfzig bis zu sechstausend Mark sowie auf Zulässigkeit von Polizei-Aufsicht erkannt werden.

Sind im Falle des Abs. 1 Nr. 2 mildernde Umstände vorhanden, so tritt Gefängnißstrafe ein, neben welcher auf Geldstrafe bis zu dreitausend Mark erkannt werden kann.

§ 181a. Eine männliche Person, welche von einer Frauensperson, die gewerbsmäßig Unzucht treibt, unter Ausbeutung ihres unsittlichen Erwerbes ganz oder theilweise den Lebensunterhalt bezieht, oder welche einer solchen Frauensperson gewohnheitsmäßig oder aus Eigennutz in Bezug auf die Ausübung des unzüchtigen Gewerbes Schutz gewährt oder sonst förderlich ist (Zuhälter), wird mit Gefängniß nicht unter Einem Monate bestraft.

Ist der Zuhälter der Ehemann der Frauensperson, oder hat der Zuhälter die Frauensperson unter Anwendung von Gewalt oder Drohungen zur Ausübung des unzüchtigen Gewerbes angehalten, so tritt Gefängnißstrafe nicht unter Einem Jahre ein.

Neben der Gefängnißstrafe kann auf Verlust der bürgerlichen Ehrenrechte, auf Zulässigkeit von Polizei-Aufsicht sowie auf Ueberweisung an die Landespolizeibehörde mit den im § 362 Abs. 3 und 4 vorgesehenen Folgen erkannt werden.

§ 184. Mit Gefängniß bis zu Einem Jahre und mit Geldstrafe bis zu eintausend Mark oder mit einer dieser Strafen wird bestraft, wer

1. unzüchtige Schriften, Abbildungen oder Darstellungen feilhält, verkauft, vertheilt, an Orten, welche dem Publikum zugänglich sind, ausstellt oder anschlägt oder sonst verbreitet, sie zum Zwecke der Verbreitung herstellt oder zu demselben Zwecke vorräthig hält, ankündigt oder anpreist;
2. unzüchtige Schriften, Abbildungen oder Darstellungen einer Person unter sechzehn Jahren gegen Entgelt überläßt oder anbietet;
3. Gegenstände, die zu unzüchtigem Gebrauche bestimmt sind, an Orten, welche dem Publikum zugänglich sind, ausstellt oder solche Gegenstände dem Publikum ankündigt oder anpreist;
4. öffentliche Ankündigungen erläßt, welche dazu bestimmt sind, unzüchtigen Verkehr herbeizuführen.

Neben der Gefängnißstrafe kann auf Verlust der bürgerlichen Ehrenrechte sowie auf Zulässigkeit von Polizei-Aufsicht erkannt werden.

§ 184a. Wer Schriften, Abbildungen oder Darstellungen, welche, ohne unzüchtig zu sein, das Schamgefühl gröblich verletzen, einer Person unter sechzehn Jahren gegen Entgelt überläßt oder anbietet, wird mit Gefängniß bis zu sechs Monaten oder mit Geldstrafe bis zu sechshundert Mark bestraft.

§ 184b. Mit Geldstrafe bis zu dreihundert Mark oder mit Gefängniß bis zu sechs Monaten wird bestraft, wer aus Gerichtsverhandlungen, für welche wegen Gefährdung der Sittlichkeit die Oeffentlichkeit ausgeschlossen war, oder aus den diesen Verhandlungen zu Grunde liegenden amtlichen Schriftstücken öffentlich Mittheilungen macht, welche geeignet sind, Aergerniß zu erregen.

VII. An Stelle des § 195 tritt folgende Vorschrift:

Ist eine Ehefrau beleidigt worden, so hat sowohl sie als ihr Ehemann das Recht, auf Bestrafung anzutragen.

VIII. Im § 235 werden die Worte: „ihren Eltern oder ihrem Vormunde" ersetzt durch die Worte:

„ihren Eltern, ihrem Vormunde oder ihrem Pfleger".

IX. Im § 237 werden die Worte: „ihrer Eltern oder ihres Vormundes" ersetzt durch die Worte:

„ihrer Eltern, ihres Vormundes oder ihres Pflegers".

X. Im § 238 werden die Worte: „für ungiltig erklärt worden ist" ersetzt durch die Worte:

„für nichtig erklärt worden ist".

XI. Im § 316 Abs. 1 werden hinter den Worten: „mit Gefängniß bis zu einem Jahre" die Worte eingeschaltet:

„oder mit Geldstrafe bis zu neunhundert Mark".

XII. Die Vorschrift der Nr. 9 des § 360 ist, soweit sie sich auf Versicherungsunternehmungen im Sinne des Reichsgesetzes vom 12. Mai 1901 bezieht, mit Inkrafttreten dieses Gesetzes aufgehoben.

XIII. Der § 362 wird durch nachstehende Bestimmung ersetzt:

Die nach Vorschrift des § 361 Nr. 3 bis 8 Verurtheilten können zu Arbeiten, welche ihren Fähigkeiten und Verhältnissen angemessen sind, innerhalb und, sofern sie von anderen freien Arbeitern getrennt gehalten werden, auch außerhalb der Strafanstalt angehalten werden.

Bei der Verurtheilung zur Haft kann zugleich erkannt werden, daß die verurtheilte Person nach verbüßter Strafe der Landespolizeibehörde zu überweisen sei. Im Falle des § 361 Nr. 4 ist dieses jedoch nur dann zulässig, wenn der Verurtheilte in den letzten drei Jahren wegen dieser Uebertretung mehrmals rechtskräftig verurtheilt worden ist, oder wenn derselbe unter Drohungen oder mit Waffen gebettelt hat.

Durch die Ueberweisung erhält die Landespolizeibehörde die Befugniß, die verurtheilte Person bis zu zwei Jahren entweder in ein Arbeitshaus unterzubringen oder zu gemeinnützigen Arbeiten zu verwenden. Im Falle des § 361

Nr. 6 kann die Landespolizeibehörde die verurtheilte Person statt in ein Arbeitshaus in eine Besserungs- oder Erziehungsanstalt oder in ein Asyl unterbringen; die Unterbringung in ein Arbeitshaus ist unzulässig, falls die verurtheilte Person zur Zeit der Verurtheilung das achtzehnte Lebensjahr noch nicht vollendet hat.

Ist gegen einen Ausländer auf Ueberweisung an die Landespolizeibehörde erkannt, so kann neben oder an Stelle der Unterbringung Verweisung aus dem Bundesgebiet eintreten.

Anmerkung. Der Vermerk zu §§ 281—283 hat nunmehr zu lauten: „ersetzt durch §§ 239—244 der Konkursordnung"; der Vermerk zu § 287: „ersetzt durch § 14 des Gesetzes zum Schutze der Waarenbezeichnungen vom 12. Mai 1894".

II.

Nachtrag zum Polizeistrafgesetzbuch

(Sammlung S. 79).

Aenderungen und Ergänzungen durch das Gesetz vom 12. Mai 1898, Art. 162 des Ausführungsgesetzes zum Bürgerlichen Gesetzbuche vom 9. Juni 1899 und Gesetz vom 22. Juni 1900 (Ges.- u. Verordn.-Bl. 1898 S. 223, 1899 Beilage zu Nr. 28 S. 56, 1900 S. 483), sowie § 148 Ziff. 4a der Reichsgewerbeordnung.

I. Im sechsten Hauptstück wird nach Art. 72 folgender neue Art. 72a eingestellt:

Mit Geldstrafe bis zu 150 Mark oder mit Haft wird außer dem Falle des § 367 Abs. 1 Ziff. 5 des Strafgesetzbuches für das Deutsche Reich bestraft, wer den Verordungen in Bezug auf den Verkehr mit Arznei- oder Geheimmitteln, welche zur Heilung oder Verhütung von Krankheiten der Menschen oder Thiere bestimmt sind, zuwiderhandelt.

II. Der Art. 73 erhält in Abs. II und III folgende Fassung:

Gleicher Strafe unterliegt, wer den Verordnungen, ober- oder ortspolizeilichen Vorschriften zuwiderhandelt, welche aus Rücksichten auf die Gesundheit oder Sittlichkeit über das Beziehen neuhergestellter Wohnungen oder Wohnungsräume, über die Beschaffenheit und die Belegung von Wohnungen oder Wohnungsräumen und über die polizeiliche Beaufsichtigung des Wohnungswesens erlassen sind.

In den Fällen des Abs. I und II hat der Richter zu erkennen, daß die Polizeibehörde berechtigt ist, die Beseitigung des vorschriftswidrigen Zustandes, beziehungsweise die Räumung der vorschriftswidrigen Wohnung, zu verfügen.

III. Der Art. 81 Abs. II erhält folgenden Zusatz:

Die Ermächtigung ist, wenn es sich um eine Maßregel handelt, zu der eine Anordnung des Vormundschaftsgerichts erforderlich ist, von der Erlassung dieser Anordnung abhängig zu machen.

IV. Der Art. 101 erhält folgende Fassung:

An Geld bis zu 150 Mark oder mit Haft werden Bauherrn, Baumeister und Bauhandwerker gestraft, wenn sie den baupolizeilichen Vorschriften zuwiderhandeln.

Baupolizeiliche Vorschriften können in Bezug auf Festsetzung und Einhaltung der Bau- und Vorgartenlinien, dann zum Zwecke der Feuersicherheit und Festigkeit der Bauführung, sowie der Gesundheit durch Verordnung, ober- oder ortspolizeiliche Vorschrift erlassen werden.

Im Interesse der Verschönerung können baupolizeiliche Vorschriften für Städte von mehr als 20000 Seelen durch Verordnung oder ortspolizeiliche Vorschrift, für die übrigen Orte durch ortspolizeiliche Vorschrift getroffen werden. Die hierauf gegründeten Abänderungen des Bauplanes dürfen jedoch die Kosten der Bauführung nicht wesentlich vermehren.

V. Der Art. 102 ist aufgehoben.

VI. Der Art. 120 Ziff. 2 erhält folgende Fassung:

wer abgesehen von den Fällen des § 368 Nr. 2 des Strafgesetzbuches für das Deutsche Reich den hinsichtlich der Abwehr und Vertilgung schädlicher Thiere oder Pflanzen erlassenen ober-, distrikts- oder ortspolizeilichen Vorschriften zuwiderhandelt.

Bei Zuwiderhandlungen gegen Vorschriften zur Abwehr und Vertilgung der Reblaus ist Geldstrafe bis zu einhundertfünfzig Mark oder Haft zulässig. Reben, welche gegen ein auf Grund solcher Vorschriften erlassenes Verbot versendet, eingeführt oder sonst in Verkehr gebracht werden, sind einzuziehen.

VII. Dem Art. 120 wird nachstehender zweiter Absatz beigefügt:

Vor Erlassung der in Ziff. 2 Abs. 1 und 2 bezeichneten Vorschriften und der auf Grund derselben ergehenden allgemeinen Anordnungen sind entweder die zur Vertretung der landwirthschaftlichen Interessen berufenen Organe oder Sachverständige zu vernehmen.

VIII. Im Art. 122 Abs. 2 wird statt „113" gesetzt: „113 Ziff. 2, 3".

IX. Art. 137 ist durch § 148 Ziff. 4a der Reichsgewerbeordnung ersetzt und aufgehoben.

X. Dem Art. 146 wird als vierter Absatz angefügt:

Personen, welche auf Viehmärkten gewerbsmäßig Geschäfte vermitteln (Unterhändler, Viehschaffner, Agenten, Schmuser, Makler ꝛc.) oder Hilfsdienste verrichten (Lader, Wäger, Viehtreiber ꝛc.), werden an Geld bis zu dreißig Mark bestraft, wenn sie den ortspolizeilichen Vorschriften über ihre Geschäftsführung und Dienstleistung zuwiderhandeln. Die Bestimmung in Abs. 3 findet auf diese Personen keine Anwendung.

XI. Art. 153 ist durch § 148 Ziff. 4a der Reichsgewerbeordnung ersetzt und aufgehoben.

Berichtigung zum Anhang.

Art. 14 des Ausführungsgesetzes zur Reichsstrafprozeßordnung (Sammlung S. 117) ist aufgehoben durch Art. 168 des Ausführungsgesetzes zum Bürgerlichen Gesetzbuche vom 9. Juni 1899.

III.

Nachträge zu den besonderen Vorschriften.

Erster Abschnitt: Oeffentliche Ordnung und Sicherheit.

C. Presse, Versammlungen und Vereine.

2. Nachtrag zum Vereinsgesetz (Sammlung S. 132).

Aenderungen und Ergänzungen durch das Gesetz vom 15. Juni 1898 (Ges.- und Verordn.-Bl. S. 289).

I. Dem Art. 2 wird als dritter Absatz beigefügt:

„Minderjährige dürfen Versammlungen der in Abs. 1 bezeichneten Art nicht beiwohnen."

II. Als dritter und vierter Absatz wird dem Art. 4 beigefügt:

„Durch Beschluß der Gemeindeverwaltung kann dem Bürgermeister in widerruflicher Weise allgemein oder für bestimmte Fälle die Befugniß eingeräumt werden, an Stelle der Gemeindeverwaltung die nach Abs. 1 erforderliche Zustimmung zu Versammlungen und Aufzügen zu ertheilen.

Die Distriktspolizeibehörden sind ermächtigt, in widerruflicher Weise allgemein oder für bestimmte Orte, Vereine oder Fälle zu gestatten, daß die durch Abs. 1 vorgeschriebene Genehmigung für öffentliche Aufzüge durch die Ortspolizeibehörde, in Gemeinden mit städtischer Verfassung durch den Bürgermeister, ertheilt werde."

III. Dem Art. 15 wird als zweiter Absatz beigefügt:

„Dieses Verbot bezieht sich hinsichtlich großjähriger Frauenspersonen nicht auf solche politische Vereine, welche nur den besonderen Berufs- und Standesinteressen bestimmter Personenkreise oder nur Zwecken der Erziehung, des Unterrichtes und der Armen- oder Krankenpflege dienen."

IV. Der zweite Absatz des Art. 16 erhält folgende Fassung:

„Insbesondere liegt den Vorstehern der Vereine die vorgängige Anzeige bei der Ortspolizeibehörde nach der Vorschrift des Art. 2 dieses Gesetzes bezüglich aller Versammlungen ob, für welche Zeit und Ort nicht bereits satzungsmäßig feststehen."

V. An Stelle des Art. 17 treten folgende Bestimmungen:

„Politischen Vereinen ist nicht gestattet, mit Vereinen, welche außerhalb des Deutschen Reiches ihren Sitz haben, in der Art in Verbindung zu treten, daß entweder die einen den Beschlüssen und Organen des anderen unterworfen oder mehrere solche Vereine unter einem gemeinsamen Organe zu einem gegliederten Ganzen vereinigt werden.

Das k. Staatsministerium des Innern ist ermächtigt, Ausnahmen von diesem Verbote zu bewilligen."

VI. Dem Art. 20 wird folgender Abs. 2 beigefügt:

„Gleicher Strafe unterliegt, wer im Falle des Art. 4 ohne vorgängige polizeiliche Bewilligung eine Versammlung oder einen öffentlichen Aufzug veranlaßt, dazu einladet, dieselben ordnet oder leitet."

VII. In Art. 21 kommen die Worte:

„oder wer im Falle des Art. 4 ohne vorgängige polizeiliche Bewilligung eine Versammlung oder einen öffentlichen Aufzug veranlaßt, dazu einladet, dieselben ordnet oder leitet" in Wegfall.

VIII. Der erste Absatz des Art. 26 erhält folgende Fassung:

„Auf die durch das Gesetz oder durch die gesetzlichen Autoritäten angeordneten Versammlungen, sowie auf die Vorberathungen von Mitgliedern dieser Versammlungen während der Dauer ihrer Sitzungen, dann auf die Versammlungen der Wahlberechtigten zum Betriebe der den Reichstag betreffenden Wahlangelegenheiten und die Wahlversammlungen der Wahlmänner und Urwähler für den Landtag, die Kreis- oder Gemeindevertretung, sowie für andere auf Gesetz oder Anordnung von Behörden beruhende öffentliche Körperschaften nach erlassenem Wahlausschreiben finden die Bestimmungen der Art. 2 bis 24 des Gesetzes keine Anwendung."

D. Fremden- und Paßpolizei.

1. Nachtrag zum Heimatgesetz (Sammlung S. 136).

I. Nach Art. 154 Ziff. XVII des Ausführungsgesetzes zum Bürgerlichen Gesetzbuch treten in Art. 44 Abs. 2 an die Stelle der Worte „bis zu 10 fl." die Worte

„bis zu achtzehn Mark."

II. Nach Ministerial-Bekanntmachung vom 30. Juli 1899, Ges.- und Verordn.-Bl. S. 469, erhält Art. 44 die Bezeichnung „Art. 38" und Art. 48 die Bezeichnung „Art. 42".

8. Entschließung des k. Staatsministeriums des Innern vom 28. März 1899, die Handhabung der Sicherheitspolizei in Bezug auf Zigeuner betreffend. (Min.-Amtsbl. S. 111.)

Im Interesse eines wirksameren Vollzuges der Ministerialentschließungen vom 11. April 1885, vom 9. Oktober 1886 und vom 22. Januar/5. Oktober 1889 (Min.-Amtsbl. 1885 S. 101, 1886 S. 271, 1889 S. 27/289) wird von nun an bei der k. Polizeidirektion München ein Nachrichtendienst für die Sicherheitspolizei in Bezug auf Zigeuner eingerichtet.

Demgemäß ist jedes Erscheinen von Zigeunern in einem Distriktsverwaltungsbezirke von demjenigen Polizeiorgane, welches hievon zuerst Kenntniß erhält, der k. Polizeidirektion München (Sicherheitsbureau) sofort telegraphisch oder telephonisch zu melden. Telegramme sollen wenigstens die Bezeichnung der Zigeuner und die Richtung der Wanderung enthalten, z. B.: „Zigeunerbande Blach, von Unterthalheim kommend, bei Oberthalheim festgehalten".

Die Distriktsverwaltungsbehörde hat sodann der k. Polizeidirektion München schleunigst eine eingehendere Mittheilung zu übersenden, welche über folgende Punkte Aufschluß zu geben hat:

1. Personalien der einzelnen Mitglieder der Bande.

2. Legitimationspapiere nach Inhalt, Datum und Fertigung, mit besonderer Berücksichtigung der etwa von bayerischen Behörden ausgestellten oder ausgedehnten Scheine.
3. Mitgeführte Pferde und sonstige Thiere, Wagen und sonst bemerkenswerthe Gegenstände.
4. Herkunft und Richtung der Wanderung.
5. Hervorgetretene Anstände, insbesondere strafbare Handlungen.
6. Getroffene polizeiliche Maßnahmen, eingeleitete strafrechtliche Untersuchungen.
7. Angabe der Gründe, aus welchen von einer weiteren Behelligung im Sinne der Eingangs erwähnten Entschließungen abgesehen wurde.

Ueber die vorbezeichneten Punkte haben deßhalb auch die von den Gendarmeriemannschaften und Ortspolizeiorganen in jedem Falle an die Distriktsverwaltungsbehörde zu erstattenden Anzeigen Aufschluß zu geben.

Alle nachträglich — auch nach Verschwinden der betreffenden Zigeuner — zur Kenntniß der Distriktsverwaltungsbehörde gelangenden Umstände (z. B. nachträglich entdeckte Diebstähle) sind gleichfalls umgehend der k. Polizeidirektion München mitzutheilen.

Die k. Polizeidirektion München wird die eingehenden Nachrichten sammeln und — womöglich schon auf die erste Anzeige des Auftretens von Zigeunern — der einschlägigen Distriktsverwaltungsbehörde unverzüglich alles Wissenswerthe über Heimat und Staatsangehörigkeit der betreffenden Zigeuner, über anhängige strafrechtliche Untersuchungen, über etwa veranlaßtes polizeiliches Einschreiten 2c. mittheilen.

E. Waffen und Sprengstoffe.

5. Nachtrag zur Ministerialbekanntmachung vom 15. Februar 1894, den Verkehr mit Sprengstoffen betreffend (Sammlung S. 149).

Gemäß Ministerialbekanntmachung vom 22. Juli 1898, Ges.- und Verordn.-Bl. S. 491, wird dem Abs. 4 des § 21 folgender zweite Satz hinzugefügt:

> Mit Genehmigung der Landes-Centralbehörde kann auch in geringerer Entfernung von bewohnten Gebäuden eine Stelle angewiesen werden, sofern diese Gebäude durch Erdwälle oder in anderer Weise gegen die Wirkungen einer auf der Ladestelle eintretenden Explosion genügend gesichert sind.

F. Bau-, Wohnungs- und Feuerpolizei.

1. Kgl. Verordnung vom 17. Februar 1901, die Bauordnung betreffend. (Ges.- und Verordn.-Bl. S. 87.)

Durch diese für das ganze Königreich mit Ausnahme Münchens giltige Verordnung sind die Bauordnungen vom 31. Juli und vom 30. August 1890 (Sammlung S. 164, 166) aufgehoben.

Uebrigens stimmen §§ 6, 8, 12 und 72 Abs. I mit den entsprechenden Bestimmungen der Bauordnung vom 31. Juli 1890 wörtlich überein. An Stelle des § 72 Abs. II sind folgende Bestimmungen getreten:

Von dem Beginn jedes genehmigungspflichtigen Baues und jeder umfangreicheren mit einer genehmigungspflichtigen Bauführung zusammenhängenden Abbruchsarbeit hat der Bauherr sowohl der Orts- als auch der Distriktspolizeibehörde vorherige Anzeige zu erstatten. Zugleich ist, falls dieß nicht bereits mit der Einreichung des Bauplanes geschehen ist, der mit der Bauleitung betraute Baumeister oder Bauhandwerker namhaft zu machen. Dieser hat die Verantwortung durch unterschriftliche Erklärung zu übernehmen. Die Baupolizeibehörde kann die als Bauleiter namhaft gemachte Person beanstanden, wenn diese die für eine sichere Bauführung erforderliche Verlässigkeit nicht besitzt. Bis zur Behebung des Anstandes kann die Inangriffnahme oder Fortsetzung der Bauarbeiten untersagt werden.

2. Kgl. Verordnung vom 10. Februar 1901, die Wohnungsaufsicht betreffend. (Ges.- und Verordn.-Bl. S. 73.)

§ 9. Neuhergestellte Wohnungen und Wohnungsräume dürfen ohne polizeiliche Genehmigung nicht bezogen werden.

Diese Genehmigung ist schriftlich zu ertheilen und darf erst erfolgen, wenn die betreffenden Wohnungen oder Wohnungsräume vollständig fertiggestellt und genügend ausgetrocknet sind.

Zuständig zur Ertheilung der Genehmigung ist die Ortspolizeibehörde, in München die Lokalbaukommission.

§ 10. Alle Räume, welche als Wohn-, Schlaf- oder Arbeitsräume benützt werden, sollen hinreichend Luft und Licht und zwar in der Regel unmittelbar aus dem Freien erhalten.

Ausnahmen können von der Ortspolizeibehörde bei solchen Gebäuden gestattet werden, welche vor Erlaß dieser Vorschriften entstanden sind. Hiebei darf jedoch den etwa früher erlassenen bau- oder gewerbepolizeilichen Anordnungen kein Eintrag geschehen.

§ **11.** Alle zum Aufenthalt für Menschen dienenden Räume sollen in Bezug auf baulichen Zustand, Trockenheit und Reinlichkeit derart beschaffen sein, daß aus ihrer Benützung gesundheitliche Gefahren nicht entstehen.

§ **12.** Schlafräume sollen für die hierin untergebrachten Personen einen genügenden Luftraum enthalten und dürfen nicht in einer Weise belegt werden, welche den Anforderungen der Sittlichkeit zuwiderläuft. In einzelnen Orten ist veranlaßten Falls das Mindestmaß des Luftraumes durch ortspolizeiliche Regelung festzusetzen.

§ **13.** Die Heizvorrichtungen und Feuerungen müssen so beschaffen sein, daß durch ihren Gebrauch die Gesundheit nicht gefährdet wird.

§ **14.** Die Abortanlagen müssen, unbeschadet der auf Grund des Art. 73 Abs. 1 des Polizeistrafgesetzbuches erlassenen Bestimmungen, so eingerichtet sein, daß ihre Benützung ohne Verletzung von Sitte und Anstand erfolgen kann.

§ **15.** Jedem Schlafgänger ist eine eigene Lagerstätte zur Verfügung zu stellen.

Bei der Unterbringung von Schlafgängern ist die Trennung nach dem Geschlechte durchzuführen; auch für die Zugänge zu den Schlafstellen haben die Rücksichten der Sittlichkeit Beachtung zu finden.

Die an Schlafgängerinnen vergebenen Räume müssen von innen verschließbar, jedenfalls aber mit einem Riegel versehen sein.

Die als Schlafstellen benützten Räume dürfen in Bezug auf die Möglichkeit einer Rettung bei Feuersgefahr keinem Bedenken unterliegen.

§ **16.** Die nähere Regelung der in den §§ 10—15 einschließlich behandelten Verhältnisse wie auch der Erlaß weiterer einschlägiger Anordnungen, so namentlich hinsichtlich der Unterbringung des gewerblichen und häuslichen Dienstpersonals, hat, soweit veranlaßt, im Wege ober- und ortspolizeilicher Vorschriften zu erfolgen.

Auf dem Lande, dann in Märkten und Städten mit ländlichen Verhältnissen können bei Handhabung der Bestimmungen in §§ 10—13 Erleichterungen insoweit gewährt werden, als einerseits die Durchführung einzelner Bestimmungen unverhältnißmäßige Schwierigkeiten mit sich bringen würde und andererseits gesundheitliche und sittliche Gefahren nicht zu befürchten sind.

Anmerkung. Strafbestimmung: Art. 73 des Polizeistrafgesetzbuches.

2a. Oberpolizeiliche Vorschriften des k. Staatsministeriums des Innern zum Schutze der bei Bauten beschäftigten Personen vom 1. Januar 1901. (Ges.- und Verordn.-Bl. S. 1.)

§ 1. Alle bei der Herstellung von Gerüsten zur Verwendung kommenden Materialien und Geräthschaften, insbesondere Gerüst- und Steifhölzer, Bretter, Leitern, Bindezeug, Tauwerk nebst Flaschenzügen, Rollen, Winden, Aufzugsmaschinen, müssen sich in gutem, gebrauchsfähigem Zustande befinden.

§ 2. Rüstungen, sowohl stehende wie hängende oder auch auf sogenannten Auslegern befindliche, müssen nach fachmännischen Grundsätzen und dem jeweiligen Zwecke entsprechend in genügender Festigkeit hergestellt und darf hiebei nur gutes gesundes Material verwendet werden.

§ 3. Die Gerüstständer müssen mit Neigung nach der zu berüstenden Front in die Erde eingegraben oder auf Holzunterlagen (Schwellen) sicher und unverrückbar befestigt werden. Ferner müssen die Gerüste mit den nöthigen Streichstangen versehen, und letztere bei stärkerer Belastung außer der Befestigung mit Hanf- oder Drahtseilen noch durch untergenagelte Knaggen, Eisenklammern oder Steifhölzer unterstützt werden.

§ 4. Die zum Gerüstbelag verwendeten Bretter müssen eine ihrer Belastung entsprechende Stärke haben, ferner müssen sie dicht aneinander und so gelegt werden, daß das sogenannte Wippen (Aufschnappen) der Bretter ausgeschlossen ist.

Alle Gerüstgeschoße, auf welchen gearbeitet wird, sind, um den Absturz von Menschen sowie das Abfallen von Baumaterialien und Werkzeugen zu verhindern, mit gehörig befestigten Brustwehren und an den Bretterbelag dicht anschließenden Bordbrettern zu versehen.

§ 5. Gegen Längen- und Seitenverschiebungen der Gerüste müssen genügend starke Verschwertungen (Diagonalverstrebungen) angebracht werden.

§ 6. Die Gerüstleitern, Bäume wie Sprossen, müssen aus gesundem Holze bestehen und nach ihrer Aufstellung so befestigt werden, daß sie weder unten abrutschen noch oben überschlagen oder ausweichen können. Ferner müssen die Leitern den Austritt entsprechend überragen und bei verhältnißmäßig weit von einander liegenden Gerüstetagen gegen das Durchbiegen und seitliche Schwanken fest, eventuell kreuzweise, abgesteift werden.

§ 7. Alle Theile des Gerüstes, das zu demselben verwendete Bindezeug, dann die Aufzugsvorrichtungen mit ihrem Tauwerk und sonstigem Zubehör müssen in entsprechenden Zwischenräumen sorgfältig untersucht werden.

Ungleichmäßige und übermäßige Belastungen der Gerüste sind unter allen Umständen zu verhindern. Den Arbeitern ist jede eigenmächtige Aenderung an den Gerüsten, insbesondere das Herausnehmen von Klammern, Hölzern, das Entfernen von Schutzbrettern und Dielen zu verbieten.

Es ist Sorge zu tragen, daß beim Abbruch der Gerüste und bei Entfernen von Absteifungen ein unnützes Verweilen von Arbeitern unter denselben nicht stattfindet.

Personen, welche als Epileptiker oder als mit Schwindel behaftet bekannt sind, dürfen zu Arbeiten auf Gerüsten nicht verwendet werden.

§ 8. Beim Abbruch alter Gebäude darf ein Umwerfen ganzer Wände, Schornsteine oder sonstiger Gebäudetheile nur bei besonderen Verhältnissen unter gewissenhafter Aufsicht und mit Beobachtung aller Vorsichtsmaßregeln erfolgen.

Für die entsprechende Absteifung von Bauwerken, welche durch den Abbruch anstoßender Bautheile ihre Stütze verlieren, ist Sorge zu tragen.

§ 9. Baugruben und Gräben müssen genügend schräge Böschung erhalten oder gut abgesteift werden.

Neben vorhandenen Bauwerken sind die neuen Fundamente und der hiezu nöthige Baugrubenaushub mit besonderer Vorsicht und nur nach Vornahme der nöthigen Absteifungen auszuführen.

§ 10. Zur Herstellung und Zurückbauung von Ausschachtungen jeder Art dürfen nur fachmännisch ausgebildete Arbeiter verwendet werden.

§ 11. Lauftreppen sind in einer solchen Breite anzulegen, daß sie das Ausweichen zweier Personen gestatten, und mit einem festen Geländer zu versehen. Steigleitern müssen den Bestimmungen in § 6 entsprechen.

§ 12. Alle Oeffnungen in den Balkenlagen und Gewölbedecken, insbesondere der Treppen, der Lichtschachte und Aufzüge, sowie Kalkgruben und andere beim Verkehre der Bauarbeiter in Betracht kommende Vertiefungen der Baustelle sind mit hinreichend festem Brustgeländer einzufriedigen oder mit Brettern fest zu überdecken. Alle Balkenlagen, auf oder über welchen gearbeitet wird, müssen mit Brettern abgedeckt werden.

§ 13. Während des Aufbringens (Aufziehens) der Balken oder der Dachverbandhölzer hat, wenn nicht genügende Vorkehrung zur Sicherheit getroffen ist, jede Beschäftigung unter diesen Arbeitsstellen zu ruhen.

§ 14. Bei Glatteis und Frostwetter müssen die Gerüstbretter, Treppen und Laufbahnen mit Sand bestreut werden, dasselbe muß an den oberen Mauerflächen beim Aufbringen von Balkenlagen, Eisenschienen u. dgl. geschehen.

§ 15. Das Betreten von nicht genügend erleuchteten Rohbauten ist den Arbeitern nach Eintritt der Dunkelheit zu untersagen und soweit thunlich durch Abschließen der Zugänge zu verhindern.

§ 16. Bei allen Arbeiten, bei denen eine erhebliche Gefahr des Absturzes beschäftigter Personen oder des Herunterfallens von Bautheilen, Werkzeugen besteht, sind eigene Schutzgerüste anzubringen.

Sind die letzteren lediglich zum Schutze der unterhalb arbeitenden Personen, dagegen nicht für den Verkehr von solchen bestimmt, so sollen dieselben so konstruirt werden, daß sie nicht ohne Weiteres betreten werden können.

§ 17. Zur Ausführung von Arbeiten an steilen Dächern und an anderen gefährlichen Gebäudestellen sind, soferne hiezu nicht genügend sichere Schutzgerüste hergestellt sind, Sicherheitsgürtel und starke Leinen vorräthig zu halten und die Arbeiter auf den Gebrauch derselben hinzuweisen.

§ 18. Vor dem Einfahren oder Einsteigen in Brunnenschachte, Abortgruben u. dgl. ist festzustellen, daß in denselben keine das Leben gefährdende Luft (gefährliche Gase) vorhanden ist; eventuell ist für die Beseitigung derselben Sorge zu tragen.

§ 19. Die im Innern von Gebäuden, insbesondere von Neubauten, beschäftigten Bauarbeiter sind, soweit es nach Art der Arbeit veranlaßt ist, während der kalten Jahreszeit durch Fenster, Thüren oder andere entsprechende Vorrichtungen gegen Luftzug und sonstige schädliche Witterungseinflüsse zu schützen.

§ 20. In Räumen, in denen offene Coaks- oder Kohlenfeuer ohne vollständige Ableitung der entstehenden Gase brennen, darf nicht gearbeitet werden.

Solche Räume sind gegen andere, in denen gearbeitet wird, dicht abzuschließen und dürfen nur für kurze Zeit im Bedürfnißfalle betreten werden.

§ 21. Bei allen Bauten sind den Arbeitern geeignete, für die Geschlechter getrennte Aborte von ausreichender Anzahl zur Verfügung zu stellen.

§ 22. Bei allen Bauten, bei denen mehr als 10 Arbeiter gleichzeitig beschäftigt werden, sollen zur Benützung während der Arbeitspausen gegen die Unbilden der Witterung geschützte Unterkunftsräume mit ausreichender Sitzgelegenheit zur Verfügung gestellt werden.

§ 23. Die Verabreichung von Bier und anderen geistigen Getränken auf der Baustelle während der Arbeitszeit ist zu untersagen. Betrunkenen Arbeitern ist das Betreten der Baustelle oder das Fortsetzen der Arbeit auf derselben nicht zu gestatten.

§ 24. Verantwortlich für den Vollzug obiger Vorschriften sind zunächst der mit der Bauleitung betraute Baumeister oder Bauhandwerker, welcher nach den einschlägigen Vorschriften der Bauordnung die verantwortliche Bauleitung übernommen hat, neben demselben diejenigen auf dem Bau beschäftigten Aufsichtsorgane, denen die Ueberwachung der Bauausführung von dem ersteren speziell übertragen ist, bezw. jene Unternehmer von Nebenbetrieben, welche in selbständiger Weise zur Ausführung der Bauten mit beitragen, oder die von diesen mit der Ueberwachung speziell betrauten Aufsichtsorgane.

§ 25. Gegenwärtige Vorschriften müssen auf jeder Baustelle, wo regelmäßig mehr als 10 Arbeiter beschäftigt werden, an einem leicht zugänglichen Orte in Plakatform sichtbar angebracht werden.

§ 26. Die Baupolizeibehörde kann bei dem Vorhandensein besonderer Verhältnisse, namentlich bei einfacheren Bauten auf dem Lande, von einzelnen Bestimmungen der vorstehenden Vorschriften dispensiren.

§ 27. Die Erlassung weitergehender ortspolizeilicher Vorschriften nach Maßgabe des bestehenden Bedürfnisses bleibt vorbehalten.

Anmerkung. Strafbestimmung: Art. 101 des Polizeistrafgesetzbuches.

5a. Kgl. Verordnung, die Herstellung, Aufbewahrung und Verwendung von Acetylengas und die Lagerung von Carbid betreffend. (Ges.- und Verordn.-Bl. S. 463.)

§ 1. Wer Acetylengas für eigenen Bedarf oder wer solches für fremden Bedarf, jedoch nicht gewerbsmäßig, herstellen oder verwenden will, hat hievon vor Beginn des Betriebes der Distriktsverwaltungsbehörde, in München dem Stadtmagistrate, Anzeige zu erstatten.

§ 2. Die Herstellung, Aufbewahrung und Verwendung von Acetylengas, welches unter einem Ueberdruck von mehr als 1 Atmosphäre steht, sowie von flüssigem Acetylen ist verboten.

§ 3. Die Herstellung und Aufbewahrung von Acetylengas darf nicht in oder unter bewohnten Räumen erfolgen.

§ 4. Die Räume, in welchen Acetylengas hergestellt oder aufbewahrt wird (Apparaten-Räume), müssen von bewohnten oder zum Aufenthalt von Menschen bestimmten Räumen entweder einen Abstand von mindestens 5 m besitzen oder durch eine mindestens 0,38 m starke Schutzmauer ohne Oeffnungen getrennt sein.

§ 5. Die Apparatenräume müssen hell, geräumig, vollkommen frostfrei und ausreichend gelüftet sein; die Beheizung darf nur von Außen erfolgen.

§ 6. Eine künstliche Beleuchtung der Apparatenräume darf nur von Außen entweder mittels zuverlässiger Sicherheitslampen oder mittels elektrischen Glühlichtes in doppelten durch ein Drahtnetz geschützten Birnen mit Außenschaltung und strenger Isolirung der Leitung erfolgen.

§ 7. Die Apparatenräume sind geschlossen zu halten, dürfen für andere Zwecke nicht verwendet und von Unbefugten nicht betreten werden. Das Betreten der Räume mit einem Zündkörper (Licht, Laterne, Lampe, brennende Cigarre u. dergl.) ist verboten.

Das Verbot ist an den Thüren der Räume deutlich sichtbar zu machen.

§ 8. Die Apparatenräume dürfen nicht überwölbt oder mit fester Balkendecke versehen sein und müssen nach Außen aufschlagbare Thüren besitzen.

§ 9. Die Entlüftungsvorrichtungen der Apparatenräume und der Apparate müssen durch das Dach derart in das Freie geführt werden, daß die abziehenden Gase und Dünste nicht in angrenzende geschlossene Räume gelangen oder die Nachbarschaft belästigen können. Das Einleiten von Entlüftungsrohren in Kamine ist verboten.

§ 10. Die Apparate zur Herstellung und Aufbewahrung von Acetylengas müssen sammt ihrer Ausrüstung aus einem gegen Formveränderung und Durchrosten genügend widerstandsfähigen Materiale (Schmied-, Walz-, Gußeisen, Stahl) in fachgemäßer Weise hergestellt sein. Die Verwendung von Weichloth ist verboten.

Entwickler und Gasbehälter müssen von einander getrennt sein. Zwischen beiden muß eine Wasserabsperrvorrichtung eingeschaltet sein.

§ 11. Für die Herstellung von Apparaten und Gasrohrleitungen ist die Verwendung von reinem Kupfer verboten.

§ 12. Die Apparate müssen so eingerichtet sein, daß in denselben kein höherer Druck als ein Ueberdruck von 1 Atmosphäre und keine höhere Temperatur des Wassers im Entwickler als 100° Celsius entstehen kann, und müssen Sicherheitsvorrichtungen besitzen, welche das Auftreten eines höheren Ueberdruckes und einer höheren Temperatur ausschließen.

Die Apparate müssen ferner so eingerichtet sein, daß sie entweder eine vollständige Entlüftung vor der Inbetriebsetzung gestatten oder das Entweichen des Gasluftgemisches so lange ermöglichen, als das entwickelte Gas mit entleuchteter (blauer) Flamme brennt.

§ **13.** Die Leitungen müssen bis zu einem Ueberdruck von 1/2 Atmosphäre vollkommen dicht sein und so gelegt werden, daß sie vor äußerer Verletzung geschützt sind.

§ **14.** Zur Beobachtung des Druckes muß zwischen dem Gasapparat und der Gasrohrleitung ein genügend langes, stets mit Wasser gefülltes und durch einen Hahn abschließbares Wassermanometer angebracht sein.

§ **15.** Die Acetylenanlagen müssen mit einer gut wirkenden Reinigungsvorrichtung versehen sein, durch welche die vorhandenen Verunreinigungen (Phosphorwasserstoff, Ammoniak u. dergl.) entfernt werden.

§ **16.** Jeder Apparat muß mit dem Namen der Apparatenbauanstalt versehen sein. Auf jedem Entwicklungsapparat muß ein Schild befestigt sein, worauf das Jahr der Anfertigung des Apparates, die Zahl der Normalflammen (zu 10 Liter in der Stunde), für welche der Apparat gebaut ist, dann der nutzbare Inhalt des Gasbehälters in Litern angegeben sein muß. Die Zahl der Liter des nutzbaren Inhalts des Gasbehälters muß mindestens 25 für je eine Normalflamme betragen.

§ **17.** Die Apparatenbauanstalt hat dem Käufer eine genaue Beschreibung der gelieferten Apparate und eine Anweisung über die Behandlung der Anlage auszuhändigen. In der Anweisung müssen insbesondere Verhaltungsmaßregeln hinsichtlich der Sicherheitsbeleuchtung (§ 6, 7) sowie der Verhütung des Einfrierens enthalten sein.

Je ein weiteres Exemplar dieser Anweisung ist durch den Besitzer der Anlage der Distriktsverwaltungsbehörde in Vorlage zu bringen und im Apparatenraum an einer in die Augen fallenden Stelle anzuschlagen.

§ **18.** Die Ueberwachung und Bedienung der Anlage darf nur durch zuverlässige, mit der Einrichtung und dem Betriebe vertraute Personen erfolgen.

§ **19.** Die Aufbewahrung von Calcium-Carbid und anderen durch Wasser zersetzbaren Carbiden darf nur in wasserdicht verschlossenen eisernen Gefäßen erfolgen. Die Gefäße müssen mit der deutlich lesbaren Aufschrift versehen sein: „Carbid, gefährlich, wenn nicht trocken gehalten.“

§ **20.** Im Apparatenraum selbst dürfen nicht mehr 100 kg Carbid für je 100 Normalflammen, jedoch im Ganzen nicht mehr als 500 kg aufbewahrt werden. Für Anlagen unter 100 Flammen ist die Bereithaltung eines Vorrathes bis zu 100 kg gestattet.

Geöffnete Gefäße sind mit einem wasserdicht schließenden Deckel verdeckt zu halten. Das Oeffnen von verlötheten Carbidbüchsen darf nur auf mechanischem Wege, nicht unter Anwendung von Entlöthungsapparaten, geschehen.

§ **21.** Die Lagerung von Vorräthen an Carbiden hat in gut lüftbaren, trockenen und für sich abgeschlossenen Räumen zu erfolgen. Waaren und Stoffe anderer Art dürfen in diesen Räumen nicht gelagert werden.

Eine künstliche Beleuchtung der Lagerräume darf nur von Außen entweder mittels zuverlässiger Sicherheitslampen oder mittels elektrischen Glühlichtes in doppelten durch ein Drahtnetz geschützten Birnen mit Außenschaltung und strenger Isolirung der Leitung erfolgen.

Das Betreten der Lagerräume mit einem Zündkörper (Licht, Laterne, Lampe, brennende Cigarre u. dergl.) ist verboten.

Eine allenfallsige Erwärmung der Lagerräume darf nur von Außen und nur mittels Dampf- oder Heißwasserheizung erfolgen.

Der Eingang zum Lagerraume ist in deutlich sichtbarer Weise mit der Aufschrift zu versehen: „Carbidlager, trocken zu halten! Rauchen und Betreten mit Licht verboten!“

§ **22.** Die Lagergebäude für Carbide in Mengen von mehr als 1000 kg müssen außerdem einen Fußboden aus unverbrennlichem Material besitzen, dessen Oberfläche mindestens 20 cm über dem natürlichen Gelände liegt. Der Fußboden hat gegen das Aufsteigen der Bodenfeuchtigkeit eine Isolirschicht zu erhalten.

Bei Zusammenhang mit anderen Gebäuden sind die Lagergebäude von ersteren durch bauordnungsmäßige Brandmauern abzuscheiden.

Die Lagerräume dürfen nicht überwölbt oder mit fester Balkendecke versehen sein. Vorhandene Thüren müssen nach Außen aufschlagen.

§ **23.** Eine vorübergehende Lagerung von Carbid im Freien ist nur auf Umschlagplätzen (Hafenplätzen, Bahnhöfen) gestattet. Die aufgelagerten Carbidgefäße müssen allseitig gegen Nässe geschützt sein.

§ **24.** Die bei der Herstellung von Acetylengas sich ergebenden ausgebrauchten Carbidrückstände müssen entweder in besondere Kalkgruben oder in Düngergruben gebracht oder auf sonstige gefahrlose Weise beseitigt werden.

§ 25. Der Vollzug vorstehender Bestimmungen steht den Distriktsverwaltungsbehörden, in München dem Stadtmagistrate, in erster, den k. Kreisregierungen, Kammern des Innern, in zweiter und letzter Instanz zu.

Das k. Staatsministerium des Innern ist ermächtigt, beim Vorliegen ganz besonderer Verhältnisse, soweit es ohne Gefährdung der öffentlichen Sicherheit geschehen kann, Dispensation von einzelnen Bestimmungen gegenwärtiger Verordnung zu ertheilen.

§ 26. Den Gemeinden bleibt vorbehalten, soweit es die örtlichen Verhältnisse erfordern, weitergehende ortspolizeiliche Vorschriften zu erlassen.

§ 27. Hinsichtlich der Anlagen und Betriebe, welche für den Dienst des k. Hofes, der Landesvertheidigung, der staatlichen Werke, Eisenbahnen und Dampfschiffe sowie der sonstigen Staatsanstalten bestimmt sind, richtet sich die Zuständigkeit nach den hiefür jeweils geltenden besonderen Vorschriften.

Die technischen Vorschriften dieser Verordnung finden übrigens auch im Falle des Abs. I Anwendung, vorbehaltlich derjenigen Ausnahmen, welche für einzelne Anlagen seitens der einschlägigen Staatsministerien bezw. Hofstäbe nach Benehmen mit dem k. Staatsministerium des Innern zugelassen werden.

§ 28. Die gegenwärtige Verordnung findet keine Anwendung:

1. für wissenschaftliche Institute und Laboratorien, soweit sie Carbid und Acetylen zu Lehr- und Studienzwecken herstellen und verwenden,
2. auf Laboratoriumsversuche der k. Staatseisenbahnverwaltung, dann auf solche Versuche innerhalb der Apparatenbauanstalten für Acetylengas, wenn diese Versuche von technisch vorgebildeten Personen ausgeführt werden,
3. auf bewegliche Apparate bis zu 1 kg Carbid Füllung, ferner auf bewegliche Apparate, welche ausschließlich im Freien verwendet werden, jedoch in beiden Fällen unbeschadet der Bestimmungen in § 2 und 12, Abs. I,
4. auf Carbidfabriken sowie auf Anlagen, in welchen Acetylen für fremden Bedarf gewerbsmäßig hergestellt wird und welche daher nach § 16 der Reichsgewerbeordnung besonderer Genehmigung bedürfen.

Anmerkung. Strafbestimmung: § 367 Nr. 5, § 368 Nr. 8 des Reichsstrafgesetzbuches.

7. Kgl. Verordnung vom 17. Juni 1898, die Feuerbeschau betreffend. (Ges.- und Verordn.-Bl. S. 332.)

§ 4 Abs. 2. Die Besitzer von Gebäuden und Anwesen beziehungsweise deren Stellvertreter in der Verwaltung und Benützung der Gebäude, wie Verwalter, Miether, Aftermiether ꝛc. ꝛc., sind verpflichtet, die Feuerbeschau ungehindert vornehmen zu lassen.

§ 10 Abs. 3. Die Besitzer von Gebäuden und Anwesen beziehungsweise deren Stellvertreter in der Verwaltung oder Benützung derselben sind auch in denjenigen Fällen, welche nicht durch anderweitige feuerpolizeiliche Anordnungen im Sinne des Art. 2 Ziff. 14 des Polizeistrafgesetzbuches getroffen werden, verpflichtet, den Verfügungen der Distriktsverwaltungsbehörde in Bezug auf Abstellung feuergefährlicher Zustände in oder an den Gebäuden und Anwesen innerhalb der hiefür von der Behörde festgesetzten Frist nachzukommen.

Anmerkung. Strafbestimmung: § 368 Nr. 8 des Reichsstrafgesetzbuches.

Zweiter Abschnitt: Medizinal- und Veterinärwesen.

A. Medizinal- und Veterinärpersonal.

2. Kgl. Verordnung vom 31. März 1899, die Verhältnisse der Bader betreffend. (Ges.- und Verordn.-Bl. S. 111.)

§ 1. Zur Führung des Titels „Bader" ist derjenige berechtigt, welcher nach den Bestimmungen der gegenwärtigen Verordnung die Approbation als Bader erlangt hat.

Die nach Maßgabe der Verordnungen vom 21. Juni 1843, vom 15. März 1866, vom 25. Juni 1868 und vom 24. Juni 1884 bereits erworbene Berechtigung zur Führung dieses Titels bleibt in Geltung.

Die unbefugte Führung des Titels „Bader" oder eines ähnlichen Titels, durch welchen der Glaube erweckt wird, der Inhaber desselben sei approbirter Bader, unterliegt der Strafbestimmung des Art. 127 des Polizeistrafgesetzbuches vom 26. Dezember 1871.

§ 2. Die Befugnisse der Bader umfassen:

1. die Unterstützung der Aerzte bei Ausübung der Heilkunde durch chirurgische und andere technische Hilfeleistungen (§ 3);
2. die selbständige Vornahme chirurgischer Verrichtungen (§ 4);
3. die ersten Vorkehrungen in Erkrankungs- und sonstigen Nothfällen (§ 5);
4. die Leichenschau nach Maßgabe der hierüber bestehenden besonderen Vorschriften, und
5. die Hilfeleistung bei Leichenöffnungen.

§ 6. a) Wer sich in Bayern als Bader niederlassen will, hat von der Wahl seines Wohnortes bei der Distriktspolizeibehörde des letzteren, unter Nachweisung seiner Berechtigung (§ 1), bei Beginn seiner Thätigkeit Anzeige zu erstatten und sich dem zuständigen Bezirksarzte vorzustellen.

Bader, welche ihren Wohnort verändern, haben außerdem noch der Distriktspolizeibehörde ihres bisherigen Wohnortes hievon Anzeige zu erstatten.

Bader, welche einen Unterhaltsbeitrag aus Staats-, Kreis-, Distrikts-, Gemeinde- oder Stiftungsmitteln beziehen, haben sich bei Veränderung ihres Wohnortes über die vorher erfolgte Lösung der durch jene Bezüge für sie begründeten Verpflichtungen auszuweisen.

Zuwiderhandlungen gegen diese Vorschriften unterliegen den Strafbestimmungen des Art. 128 des Polizeistrafgesetzbuches vom 26. Dezember 1871.

b) Hinsichtlich der Anzeigepflicht der Bader bei ansteckenden Krankheiten kommen die Bestimmungen des Art. 72 des Polizeistrafgesetzbuches und der Verordnung hiezu vom 22. Juli 1891, „die Verpflichtung der Medizinalpersonen zur Anzeige ansteckender Krankheiten unter Menschen betreffend", zur Anwendung.

Anmerkung. Die Verordnung vom 24. Juni 1884, Sammlung S. 202, ist aufgehoben.

3. Kgl. Verordnung vom 4. Juni 1899, die gewerblichen Verhältnisse der Hebammen betreffend. (Ges.- u. Verordn.-Bl. S. 413.)

§ 1. Frauenspersonen, welche in Bayern den Hebammenberuf ausüben wollen, bedürfen des Befähigungszeugnisses einer bayerischen Prüfungsbehörde. Inwieweit aus Rücksichten der Gegenseitigkeit oder auf Grund besonderer Staatsverträge Abweichungen hievon stattfinden, wird jeweils durch das k. Staatsministerium des Innern bekannt gegeben.

Die Berechtigung der nach Maßgabe der seither bestehenden Bestimmungen zugelassenen Hebammen bleibt unberührt.

§ 2. Jede Hebamme, welche zur Ausübung ihres Berufes in einer Gemeinde sich niederlassen will, hat die Wahl ihres Wohnortes der für denselben einschlägigen Distriktspolizeibehörde unter Vorlage ihres Prüfungszeugnisses anzuzeigen und dem k. Bezirksarzte sich vorzustellen. Eine Hebamme, welche ihren Wohnort verändern will, hat hievon auch der Distriktspolizeibehörde ihres bisherigen Wohnortes Anzeige zu erstatten.

Hebammen, welche Bezüge aus Staats-, Kreis-, Distrikts-, Gemeinde- oder Stiftungsmitteln genießen oder sonst durch Verträge mit öffentlichen Verbänden oder Anstalten gebunden sind, haben vor Veränderung ihres Wohnortes oder Niederlegung ihres Dienstes über die vorgängige Lösung ihrer bestehenden Verpflichtungen Ausweis beizubringen.

Anmerkung. Strafbestimmungen: § 147 Ziff. 1 der Reichsgewerbeordnung, Art. 128 des Polizeistrafgesetzbuches.

Die Verordnung vom 23. April 1874 (Sammlung S. 203) ist aufgehoben.

4. Die Ministerialbekanntmachung vom 3. Dezember 1875, die Instruktion für die Hebammen betreffend (Sammlung S. 203), ist durch Ministerialbekanntmachung vom 9. Juni 1899 (Ges.- und Verordn.-Bl. S. 416) aufgehoben.

5. Die Verordnung vom 22. Juli 1891, die Verpflichtung der Medizinalpersonen zur Anzeige ansteckender Krankheiten unter Menschen betreffend (Sammlung S. 204), ist hinsichtlich der asiatischen Cholera, des Fleckfiebers (Flecktyphus) und der Pocken (Blattern) durch die Bestimmungen des Reichsgesetzes vom 30. Juni 1900, u. S. 120, ersetzt.

B. Nahrungsmittel, Genußmittel und Gebrauchsgegenstände.

3c. Reichsgesetz vom 24. Mai 1901, betreffend den Verkehr mit Wein, weinhaltigen und weinähnlichen Getränken.

(Reichs-Ges.-Bl. S. 175.)

§ 1. Wein ist das durch alkoholische Gährung aus dem Safte der Weintraube hergestellte Getränk.

§ 2. Als Verfälschung oder Nachmachung des Weines im Sinne des § 10 des Gesetzes, betreffend den Verkehr mit Nahrungsmitteln, Genußmitteln und Gebrauchsgegenständen, vom 14. Mai 1879 (Reichs-Ges.-Bl. S. 145) ist nicht anzusehen:

1. die anerkannte Kellerbehandlung einschließlich der Haltbarmachung des Weines, auch wenn dabei Alkohol oder geringe Mengen von mechanisch wirkenden Klärungsmitteln (Eiweiß, Gelatine, Hausenblase und dergleichen), von Tannin, Kohlensäure, schwefliger Säure oder daraus entstandener Schwefelsäure in den Wein gelangen; jedoch darf die Menge des zugesetzten Alkohols, sofern es sich nicht um Getränke handelt, die als Dessertweine (Süd-, Süßweine) ausländischen Ursprunges in den Verkehr kommen, nicht mehr als ein Raumtheil auf einhundert Raumtheile Wein betragen;
2. die Vermischung (Verschnitt) von Wein mit Wein;
3. die Entsäuerung mittels reinen gefällten kohlensauren Kalkes;

4. der Zusatz von technisch reinem Rohr-, Rüben- oder Invertzucker, technisch reinem Stärkezucker, auch in wässeriger Lösung, sofern ein solcher Zusatz nur erfolgt, um den Wein zu verbessern, ohne seine Menge erheblich zu vermehren; auch darf der gezuckerte Wein seiner Beschaffenheit und seiner Zusammensetzung nach, namentlich auch in seinem Gehalt an Extraktstoffen und Mineralbestandtheilen nicht unter den Durchschnitt der ungezuckerten Weine des Weinbaugebietes, dem der Wein nach seiner Benennung entsprechen soll, herabgesetzt werden.

§ **3.** Es ist verboten die gewerbsmäßige Herstellung oder Nachmachung von Wein unter Verwendung

1. eines Aufgusses von Zuckerwasser oder Wasser auf Trauben, Traubenmaische oder ganz oder theilweise entmostete Trauben, jedoch ist der Zusatz wässeriger Zuckerlösung zur vollen Rothweintraubenmaische zu dem im § 2 Nr. 4 angegebenen Zwecke mit den dort bezeichneten Beschränkungen behufs Herstellung von Rothwein gestattet;
2. eines Aufgusses von Zuckerwasser auf Hefen;
3. von getrockneten Früchten (auch in Auszügen oder Abkochungen) oder eingedickten Moststoffen, unbeschadet der Verwendung bei der Herstellung von solchen Getränken, welche als Dessertweine (Süd-, Süßweine) ausländischen Ursprunges in den Verkehr kommen. Betriebe, in welchen eine derartige Verwendung stattfinden soll, sind von dem Inhaber vor dem Beginne des Geschäftsbetriebes der zuständigen Behörde anzuzeigen;
4. von anderen als den im § 2 Nr. 4 bezeichneten Süßstoffen, insbesondere von Saccharin, Dulcin oder sonstigen künstlichen Süßstoffen;
5. von Säuren, säurehaltigen Stoffen, insbesondere von Weinstein und Weinsäure, von Boquetstoffen, künstlichen Moststoffen oder Essenzen, unbeschadet der Verwendung aromatischer oder arzneilicher Stoffe bei der Herstellung von solchen Weinen, welche als landesübliche Gewürzgetränke oder als Arzneimittel unter den hiefür gebräuchlichen Bezeichnungen (Wermuthwein, Maiwein, Pepsinwein, Chinawein und dergleichen) in den Verkehr kommen;
6. von Obstmost und Obstwein, von Gummi oder anderen Stoffen, durch welche der Extraktgehalt erhöht wird, jedoch unbeschadet der Bestimmungen im § 2 Nr. 1, 3, 4.

Getränke, welche den vorstehenden Vorschriften zuwider oder unter Verwendung eines nach § 2 Nr. 4 nicht gestatteten Zusatzes hergestellt sind, dürfen weder feilgehalten noch verkauft werden.

Dies gilt auch dann, wenn die Herstellung nicht gewerbsmäßig erfolgt ist.

Die Verwerthung von Trestern, Rosinen und Korinthen in der Branntweinbrennerei wird durch die Bestimmungen des Abs. 1 nicht berührt; jedoch unterliegt sie der Kontrole der Steuerbehörden.

§ 4. Es ist verboten, Wein, welcher einen nach § 2 Nr. 4 gestatteten Zusatz erhalten hat, oder Rothwein, welcher unter Verwendung eines nach § 3 Abs. 1 Nr. 1 gestatteten Aufgusses hergestellt ist, als Naturwein oder unter anderen Bezeichnungen feilzuhalten oder zu verkaufen, welche die Annahme hervorzurufen geeignet sind, daß ein derartiger Zusatz nicht gemacht ist.

§ 5. Die Vorschriften des § 3 Abs. 1 Nr. 1 bis 4, Abs. 2 finden auch auf Schaumwein Anwendung.

§ 6. Schaumwein, der gewerbsmäßig verkauft oder feilgehalten wird, muß eine Bezeichnung tragen, welche das Land und erforderlichen Falles den Ort erkennbar macht, in welchem er auf Flaschen gefüllt worden ist. Schaumwein, der aus Fruchtwein (Obst- oder Beerenwein) hergestellt ist, muß eine Bezeichnung tragen, welche die Verwendung von Fruchtwein erkennen läßt. Die näheren Vorschriften trifft der Bundesrath.

Die vom Bundesrathe vorgeschriebenen Bezeichnungen sind auch in die Preislisten und Weinkarten sowie in die sonstigen im geschäftlichen Verkehr üblichen Angebote mitaufzunehmen.

§ 7. Die nachbenannten Stoffe, nämlich:

lösliche Aluminiumsalze (Alaun und dergleichen), Baryumverbindungen, Borsäure, Glycerin, Kermesbeeren, Magnesiumverbindungen, Salicylsäure, Oxalsäure, unreiner (freien Amylalkohol enthaltender) Sprit, unreiner (nicht technisch reiner) Stärkezucker, Strontiumverbindungen, Theerfarbstoffe,

oder Gemische, welche einen dieser Stoffe enthalten, dürfen Wein, weinhaltigen oder weinähnlichen Getränken, welche bestimmt sind, Anderen als Nahrungs- oder Genußmittel zu dienen, bei oder nach der Herstellung nicht zugesetzt werden.

Der Bundesrath ist ermächtigt, noch andere Stoffe zu bezeichnen, auf welche dieses Verbot Anwendung zu finden hat.

§ 8. Wein, weinhaltige und weinähnliche Getränke, welchen, den Vorschriften des § 7 zuwider, einer der dort oder der vom Bundesrathe gemäß § 7 bezeichneten Stoffe zugesetzt ist, dürfen weder feilgehalten noch verkauft, noch sonst in Verkehr gebracht werden.

Dasselbe gilt für Rothwein, dessen Gehalt an Schwefelsäure in einem Liter Flüssigkeit mehr beträgt, als sich in zwei Gramm neutralen schwefelsauren Kaliums vorfindet. Diese Bestimmung findet jedoch auf solche Rothweine nicht Anwendung, welche als Dessertweine (Süd-, Süßweine) ausländischen Ursprunges in den Verkehr kommen.

§ 9. Jeder Inhaber von Keller-, Gähr- und Kelterräumen oder sonstigen Räumen, in denen Wein oder Schaumwein gewerbsmäßig hergestellt oder behandelt wird, hat dafür zu sorgen, daß in diesen Räumen an einer in die Augen fallenden Stelle ein deutlicher Abdruck der §§ 2 bis 8 dieses Gesetzes ausgehängt ist.

§ 10. Bis zur reichsgesetzlichen einheitlichen Regelung der Beaufsichtigung des Verkehres mit Nahrungs- und Genußmitteln treffen die Landesregierungen darüber Bestimmung, welche Beamten und Sachverständigen für die in den nachfolgenden Vorschriften bezeichneten Maßnahmen zuständig sind.

Diese Beamten und Sachverständigen sind befugt, außerhalb der Nachtzeit und, falls Thatsachen vorliegen, welche annehmen lassen, daß zur Nachtzeit gearbeitet wird, auch während dieser Zeit, in Räume, in denen Wein, weinhaltige oder weinähnliche Getränke gewerbsmäßig hergestellt, aufbewahrt, feilgehalten oder verpackt werden, einzutreten, daselbst Besichtigungen vorzunehmen, geschäftliche Aufzeichnungen, Frachtbriefe und Bücher einzusehen, auch nach ihrer Auswahl Proben zum Zwecke der Untersuchung gegen Empfangsbescheinigung zu entnehmen. Auf Verlangen ist ein Theil der Probe amtlich verschlossen oder versiegelt zurückzulassen und für die entnommene Probe eine angemessene Entschädigung zu leisten.

Die Nachtzeit umfaßt in dem Zeitraume vom ersten April bis dreißigsten September die Stunden von neun Uhr Abends bis vier Uhr Morgens und in dem Zeitraume vom ersten Oktober bis einunddreißigsten März die Stunden von neun Uhr Abends bis sechs Uhr Morgens.

§ 11. Die Inhaber der im § 10 bezeichneten Räume sowie die von ihnen bestellten Betriebsleiter und Aufsichtspersonen sind verpflichtet, den zuständigen Beamten und Sachverständigen auf Erfordern Auskunft über das Verfahren bei Herstellung der Erzeugnisse, über den Umfang des Betriebes, über die zur Verwendung gelangenden Stoffe, insbesondere auch über deren Menge und Herkunft, zu ertheilen sowie die geschäftlichen Aufzeichnungen, Frachtbriefe und Bücher vorzulegen. Die Ertheilung von Auskunft kann jedoch verweigert werden, soweit derjenige, von welchem sie verlangt wird, sich selbst oder einem der im § 51 Nr. 1 bis 3 der Strafprozeßordnung bezeichneten Angehörigen die Gefahr strafgerichtlicher Verfolgung zuziehen würde.

§ 12. Die Sachverständigen (§ 10) sind, vorbehaltlich der Anzeige von Gesetzwidrigkeiten, verpflichtet, über die Thatsachen und Einrichtungen, welche durch die Aufsicht zu ihrer Kenntniß kommen, Verschwiegenheit zu beobachten und sich der Mittheilung und Nachahmung der von den Gewerbetreibenden geheim gehaltenen, zu ihrer Kenntniß gelangten Betriebseinrichtungen und Betriebsweisen, solange als diese Betriebsgeheimnisse sind, zu enthalten. Sie sind hierauf zu beeidigen.

§ 13. Mit Gefängniß bis zu sechs Monaten und mit Geldstrafe bis zu dreitausend Mark oder mit einer dieser Strafen wird bestraft, wer vorsätzlich

1. den Vorschriften des § 3, abgesehen von der Bestimmung über die Anzeige gewisser Betriebe in der Nr. 3 des Abs. 1, oder den Vorschriften der §§ 5, 7, 8 oder
2. den Vorschriften des § 4

zuwiderhandelt.

Ist der Thäter bereits einmal wegen einer der im Abs. 1 bezeichneten Zuwiderhandlungen bestraft, so tritt Gefängnißstrafe bis zu einem Jahre ein, neben welcher auf Geldstrafe bis zu fünfzehntausend Mark erkannt werden kann. Diese Bestimmung findet Anwendung, auch wenn die frühere Strafe nur theilweise verbüßt oder ganz oder theilweise erlassen ist, bleibt jedoch ausgeschlossen, wenn seit der Verbüßung oder dem Erlasse der letzten Strafe bis zur Begehung der neuen Strafthat drei Jahre verflossen sind.

§ 14. Mit Geldstrafe bis zu eintausendfünfhundert Mark oder mit Gefängniß bis zu drei Monaten wird bestraft, wer den Vorschriften des § 12 zuwider Verschwiegenheit nicht beobachtet, oder der Mittheilung oder Nachahmung von Betriebsgeheimnissen sich nicht enthält.

Die Verfolgung tritt nur auf Antrag des Betriebsunternehmers ein.

§ 15. Mit Geldstrafe von fünfzig bis zu einhundertfünfzig Mark oder mit Haft wird bestraft, wer den Vorschriften der §§ 10, 11 zuwider

1. den Eintritt in die Räume, die Besichtigung, die Einsicht in Aufzeichnungen, Frachtbriefe und Bücher oder die Entnahme von Proben verweigert,
2. die von ihm erforderte Auskunft nicht ertheilt oder bei der Auskunftsertheilung wissentlich unwahre Angaben macht oder die Vorlegung der Aufzeichnungen, Frachtbriefe und Bücher verweigert.

§ 16. Mit Geldstrafe bis zu einhundertfünfzig Mark oder mit Haft wird bestraft:

1. wer die im § 3 Abs. 1 Nr. 3 vorgeschriebene Anzeige unterläßt;
2. wer Schaumwein gewerbsmäßig verkauft, feilhält oder anbietet, ohne daß den Vorschriften des § 6 genügt ist;
3. wer bei der nach § 11 von ihm erforderten Auskunftsertheilung aus Fahrlässigkeit unwahre Angaben macht;
4. wer eine der im § 13 bezeichneten Handlungen aus Fahrlässigkeit begeht.

§ 17. Mit Geldstrafe bis zu dreißig Mark und im Unvermögensfalle mit Haft bis zu acht Tagen wird bestraft, wer es unterläßt, der durch den § 9 für ihn begründeten Verpflichtung nachzukommen.

§ 18. In den Fällen des § 13 Nr. 1 ist neben der Strafe auf Einziehung der Getränke zu erkennen, welche den dort bezeichneten Vorschriften zuwider hergestellt, feilgehalten, verkauft oder sonst in Verkehr gebracht sind, ohne Unterschied, ob sie dem Verurtheilten gehören oder nicht; auch kann die Vernichtung ausgesprochen werden. In den Fällen des § 13 Nr. 2, des § 16 Nr. 2, 4 kann auf Einziehung oder Vernichtung erkannt werden.

Ist die Verfolgung oder Verurtheilung einer bestimmten Person nicht ausführbar, so kann auf die Einziehung selbständig erkannt werden.

§ 19. Die Vorschriften des Gesetzes vom 14. Mai 1879 bleiben unberührt, soweit die §§ 2 bis 11 des gegenwärtigen Gesetzes nicht entgegenstehende Bestimmungen enthalten.

3d. Bestimmungen des Bundesrathes vom 2. Juli 1901 zur Ausführung des Gesetzes über den Verkehr mit Wein, weinhaltigen und weinähnlichen Getränken. (Reichs-Ges.-Bl. S. 257.)

II. Die im § 6 des Gesetzes vorgeschriebene Kennzeichnung von Schaumwein, der gewerbsmäßig verkauft oder feilgehalten wird, hat wie folgt zu geschehen:

a) Das Land, in welchem der Schaumwein auf Flaschen gefüllt ist, muß in der Weise kenntlich gemacht werden, daß auf den Flaschen die Bezeichnung

»In Deutschland auf Flaschen gefüllt«,
»In Frankreich auf Flaschen gefüllt«,
»In Luxemburg auf Flaschen gefüllt«,

u. s. w. angebracht wird; ist der Schaumwein in demjenigen Lande, in welchem er auf Flaschen gefüllt wurde, auch fertiggestellt, so kann an Stelle jener Bezeichnung die Bezeichnung

»Deutscher (Französischer, Luxemburgischer u. s. w.) Schaumwein«

oder

»Deutsches (Französisches, Luxemburgisches u. s. w.) Erzeugniss«

treten.

b) Bei Schaumwein, der aus Fruchtwein (Obst- oder Beerenwein) hergestellt ist, muß in der unter a vorgeschriebenen Bezeichnung den Worten »In Deutschland (Frankreich, Luxemburg u. s. w.) auf Flaschen gefüllt« oder »Deutsches (Französisches, Luxemburgisches u. s. w.) Erzeugniss« noch das Wort »Frucht-Schaumwein« vorangehen oder an die Stelle des Wortes »Schaumwein« das Wort »Frucht-Schaumwein« treten.

An Stelle des Wortes »Frucht-Schaumwein« kann das Wort »Obst-Schaumwein«, »Beeren-Schaumwein« oder eine entsprechende, die benutzte Fruchtart erkennbar machende Wortverbindung, wie »Apfel-Schaumwein«, »Johannisbeer-Schaumwein« u. s. w., treten.

c) Die unter a und b vorgeschriebenen Bezeichnungen müssen in schwarzer Farbe auf weißem Grunde, deutlich und nicht verwischbar auf einem bandförmigen Streifen in lateinischer Schrift aufgedruckt sein. Der Streifen ist an einer in die Augen fallenden Stelle der Flasche und zwar gegebenen Falles zwischen dem den Flaschenkopf bedeckenden Ueberzug und der die Bezeichnung der Firma und der Weinsorte enthaltenden Inschrift dauerhaft zu befestigen. Die Schriftzeichen auf dem Streifen müssen bei Flaschen, welche einen Raumgehalt von 425 oder mehr Kubikcentimeter haben, mindestens 0,5 Centimeter hoch und so breit sein, daß im Durchschnitte je 10 Buchstaben eine Fläche von mindestens 3,5 Centimeter Länge einnehmen. Die Inschrift darf, falls sie einen Streifen von mehr als 10 Centimeter Länge beanspruchen würde, auf zwei Zeilen vertheilt werden. Der Streifen darf eine weitere Inschrift nicht tragen.

d) Zur Kennzeichnung von Schaumwein, der sich am 1. August 1901 bereits in Kisten oder Körben verpackt auf einem Lager innerhalb des Reiches befindet, genügt, sofern er in der angegebenen Verpackung gewerbsmäßig feilgehalten oder verkauft wird, bis zum 1. Oktober 1902 die dauerhafte Anbringung der vorgeschriebenen Bezeichnung an einer in die Augen fallenden Stelle auf der Außenseite der Verpackung. Die Schriftzeichen müssen mindestens 4 Centimeter hoch und so breit sein, daß im Durchschnitte je 10 Buchstaben eine Fläche von mindestens 15 Centimeter Länge einnehmen. Die Inschrift darf, falls sie einen Streifen von mehr als 40 Centimeter Länge beanspruchen würde, auf zwei oder drei Zeilen vertheilt werden.

Nachtrag zur Schlußbemerkung (Sammlung S. 215).

An Stelle der bisherigen lit. c tritt:

c) Reichsgesetz vom 6. Juli 1898, betreffend den Verkehr mit künstlichen Süßstoffen, Reichs-Ges.-Bl. S. 919.

Am Schlusse ist beizufügen:

f) Reichsgesetz vom 3. Juni 1900, betreffend die Schlachtvieh- und Fleischbeschau, Reichs-Ges.-Bl. S. 547 (abgesehen von § 12 noch nicht in Wirksamkeit getreten).

C. Arzneien und Gifte.

1. Kgl. Verordnung vom 29. Dezember 1900, die Zubereitung und Feilhaltung der Arzneien in den Apotheken betreffend.

(Ges.- und Verordn.-Bl. S. 1225.)

§ 17. 1. Die Apotheker haben sich alles Ordinirens unbedingt zu enthalten.

§ 30. Aerzte, denen die Führung einer Handapotheke, dann jenen größeren Anstalten (Krankenhäuser, Erziehungsinstitute, Strafanstalten rc.), denen die Führung einer Hausapotheke bewilligt ist, haben den bei der Bewilligung auferlegten Bedingungen zu entsprechen.

Inhaber von Handapotheken dürfen Arzneien nur an Kranke, die in ihrer Behandlung stehen, Inhaber einer Hausapotheke nur an jenen Kreis von Personen, für welche sie bewilligt ist, verabreichen.

§ 35. Das zur Führung einer Handapotheke nicht berechtigte ärztliche Personal darf bei Ausübung der Praxis nach Maßgabe seiner Ordinationsbefugnisse die in Nothfällen gebotenen oder von dem Arzte selbst örtlich zu applizirenden Arzneien abgeben beziehungsweise anwenden. Letztere sind jedoch aus einer Apotheke zu beziehen.

Die Thierärzte sind befugt, die bei Ausübung der Thierheilkunde nothwendigen Arzneien nach Maßgabe ihrer Ordinationsbefugnisse abzugeben, unterliegen jedoch bezüglich der Aufstellung und Aufbewahrung ihrer Arzneien und der zu den Arzneien erforderlichen Geräthschaften denselben Bestimmungen wie die Besitzer ärztlicher Handapotheken.

Für das niederärztliche Personal (Bader, Hebammen) gelten die dazu erlassenen besonderen Bestimmungen.

Anmerkung. Die Verordnung vom 8. Dezember 1890/19. März 1895, Sammlung S. 216, ist aufgehoben.

1a. Kgl. Verordnung vom 15. März 1901, den Verkehr mit Arzneimitteln außerhalb der Apotheken betreffend. (Ges.- und Verordn.-Bl. S. 157.)

§ 1. Wer Arzneimittel, welche dem freien Verkehr überlassen und zur Heilung oder Verhütung von Krankheiten der Menschen oder Thiere bestimmt sind, gewerbsmäßig feilhält oder verkauft, hat der Distriktspolizeibehörde, in München der k. Polizeidirektion, Anzeige zu erstatten.

In der Anzeige sind die Räume, in welchen die Arzneimittel aufbewahrt und feilgehalten oder verkauft werden, zu bezeichnen.

Jeder spätere Wechsel sowie jede etwaige Zuziehung anderer Räume zur Benützung im Gewerbebetriebe ist gleichfalls den genannten Behörden anzuzeigen.

Dieselben haben ein Verzeichniß der in ihrem Bezirke befindlichen Arzneiwaarenhändler zu führen.

§ 9. Titel und Bezeichnungen, welche zu der Annahme führen können, daß es sich um einen Apothekerbetrieb handle, dürfen im Geschäftsbetriebe nicht gebraucht werden.

§ 12. Auf Großhandelsgeschäfte, welche Arzneimittel nur an Wiederverkäufer oder an staatliche Untersuchungs- und Lehranstalten abgeben, finden vorstehende Bestimmungen — unbeschadet dessen, was über den Verkehr mit Giften bestimmt ist — keine Anwendung.

2. Nachtrag zur Kgl. Verordnung vom 16. Juni 1895, den Verkehr mit Giften betreffend (Sammlung S. 217).

Zufolge Ziff. 2 der Kgl. Verordnung vom 26. Juni 1901 (Ges.- und Verordn.-Bl. S. 469) ist § 18 Abs. 2 durch folgende Bestimmungen ersetzt:

„Arsenhaltiges Fliegenpapier darf nur mit einer Abkochung von Quassiaholz oder Lösung von Quassiaextrakt zubereitet in viereckigen Blättern von 12 : 12 cm, deren jedes nicht mehr als $0{,}01$ g arsenige Säure enthält und auf beiden Seiten mit drei Kreuzen, der Abbildung eines Todtenkopfes und der Aufschrift „Gift“ in schwarzer Farbe deutlich und dauerhaft versehen ist, feilgehalten oder abgegeben werden. Die Abgabe darf nur in einem dichten Umschlag erfolgen, auf welchem in schwarzer Farbe deutlich und dauerhaft die Inschriften „Gift“ und „Arsenhaltiges Fliegenpapier“ und im Kleinhandel außerdem der Name des abgebenden Geschäftes angebracht ist.

Andere arsenhaltige Ungeziefermittel dürfen nur mit einer in Wasser leicht löslichen grünen Farbe vermischt feilgehalten oder abgegeben werden; sie dürfen nur gegen Erlaubnißschein (§ 12) verabfolgt werden.“

D. Gemeingefährliche Krankheiten, Leichen- und Begräbnißpolizei.

1*. Reichsgesetz vom 30. Juni 1900, betreffend die Bekämpfung gemeingefährlicher Krankheiten. (Reichs-Ges.-Bl. S. 306.)

§ 1. Jede Erkrankung und jeder Todesfall an

Aussatz (Lepra), Cholera (asiatischer), Fleckfieber (Flecktyphus), Gelbfieber, Pest (orientalischer Beulenpest), Pocken (Blattern),

sowie jeder Fall, welcher den Verdacht einer dieser Krankheiten erweckt, ist der für den Aufenthaltsort des Erkrankten oder den Sterbeort zuständigen Polizeibehörde unverzüglich anzuzeigen.

Wechselt der Erkrankte den Aufenthaltsort, so ist dies unverzüglich bei der Polizeibehörde des bisherigen und des neuen Aufenthaltsortes zur Anzeige zu bringen.

§ 2. Zur Anzeige sind verpflichtet:

1. der zugezogene Arzt,
2. der Haushaltungsvorstand,
3. jede sonst mit der Behandlung oder Pflege des Erkrankten beschäftigte Person,
4. derjenige, in dessen Wohnung oder Behausung der Erkrankungs- oder Todesfall sich ereignet hat,
5. der Leichenschauer.

Die Verpflichtung der unter Nr. 2 bis 5 genannten Personen tritt nur dann ein, wenn ein früher genannter Verpflichteter nicht vorhanden ist.

§ 3. Für Krankheits- und Todesfälle, welche sich in öffentlichen Kranken-, Entbindungs-, Pflege-, Gefangenen- und ähnlichen

Anstalten ereignen, ist der Vorsteher der Anstalt oder die von der zuständigen Stelle damit beauftragte Person ausschließlich zur Erstattung der Anzeige verpflichtet.

Auf Schiffen oder Flößen gilt als der zur Erstattung der Anzeige verpflichtete Haushaltungsvorstand der Schiffer oder Floßführer oder deren Stellvertreter. Der Bundesrath ist ermächtigt, Bestimmungen darüber zu erlassen, an wen bei Krankheits- und Todesfällen, welche auf Schiffen oder Flößen vorkommen, die Anzeige zu erstatten ist.

§ **4.** Die Anzeige kann mündlich oder schriftlich erstattet werden. Die Polizeibehörden haben auf Verlangen Meldekarten für schriftliche Anzeigen unentgeltlich zu verabfolgen.

§ **5.** Landesrechtliche Bestimmungen, welche eine weitergehende Anzeigepflicht begründen, werden durch dieses Gesetz nicht berührt.

Durch Beschluß des Bundesraths können die Vorschriften über die Anzeigepflicht (§§ 1 bis 4) auf andere als die im § 1 Abs. 1 genannten übertragbaren Krankheiten ausgedehnt werden.

§ **44.** Mit Gefängniß bis zu drei Jahren wird bestraft

1. wer wissentlich bewegliche Gegenstände, für welche eine Desinfektion polizeilich angeordnet war, vor Ausführung der angeordneten Desinfektion in Gebrauch nimmt, an Andere überläßt oder sonst in Verkehr bringt;
2. wer wissentlich Kleidungsstücke, Leibwäsche, Bettzeug oder sonstige bewegliche Gegenstände, welche von Personen, die an einer gemeingefährlichen Krankheit litten, während der Erkrankung gebraucht oder bei deren Behandlung oder Pflege benutzt worden sind, in Gebrauch nimmt, an Andere überläßt oder sonst in Verkehr bringt, bevor sie den auf Grund des § 22 vom Bundesrathe beschlossenen Bestimmungen entsprechend desinfizirt worden sind;
3. wer wissentlich Fahrzeuge oder sonstige Geräthschaften, welche zur Beförderung von Kranken oder Verstorbenen der in Nr. 2 bezeichneten Art gedient haben, vor Ausführung der polizeilich angeordneten Desinfektion benutzt oder Anderen zur Benutzung überläßt.

Sind mildernde Umstände vorhanden, so kann auf Geldstrafe bis zu eintausendfünfhundert Mark erkannt werden.

§ **45.** Mit Geldstrafe von zehn bis einhundertfünfzig Mark oder mit Haft nicht unter einer Woche wird bestraft:

1. wer die ihm nach den §§ 2, 3 oder nach den auf Grund des § 5 vom Bundesrathe beschlossenen Vorschriften obliegende

Anzeige unterläßt oder länger als vierundzwanzig Stunden, nachdem er von der anzuzeigenden Thatsache Kenntniß erhalten hat, verzögert. Die Strafverfolgung tritt nicht ein, wenn die Anzeige, obwohl nicht von dem zunächst Verpflichteten, doch rechtzeitig gemacht worden ist.

Dritter Abschnitt: Erwerbswesen.

A. Landwirthschaft.

1a. Gesetz vom 30. Juni 1900, die Abmarkung der Grundstücke betreffend. (Ges.- und Verordn.-Bl. S. 553.)

Art. 28. Mit Geld bis zu hundertfünfzig Mark oder mit Haft wird, soferne nicht nach den bestehenden gesetzlichen Bestimmungen eine höhere Strafe verwirkt ist, bestraft:

1. wer unbefugt ein Abmarkungsgeschäft vornimmt,
2. wer unbefugt Grenzzeichen, Ausstecknngspfähle und andere Merkmale, welche zum Zwecke der Abmarkung von den zuständigen Behörden oder Personen angebracht worden sind, wegnimmt, vernichtet, unkenntlich macht, beschädigt oder verrückt.

2. Nachtrag zum Flurbereinigungsgesetz (Sammlung S. 235).

I. Nach Art. 171 Ziff. XIX des Ausführungsgesetzes zum Bürgerlichen Gesetzbuche vom 9. Juni 1899 (Ges.- und Verordn.-Blatt Beilage zu Nr. 28 S. 79) werden im Art. 42 nach dem Worte: „Aussteckungspfähle" eingeschaltet die Worte

„der Sicherungssteine".

II. Nach Ministerialbekanntmachung vom 30. Juli 1899, Ges.- und Verordn.-Bl. S. 469, erhält Art. 42 die Bezeichnung „Art. 46".

B. Forstwirthschaft.

2. Nachtrag zum pfälzischen Forststrafgesetz (Sammlung S. 252). Aenderungen durch Art. 138 des Ausführungsgesetzes zum Bürgerlichen Gesetzbuche vom 9. Juni 1899 (Ges.- und Verordn.-Bl. Beilage zu Nr. 28 S. 36.)

I. Der Art. 13 Abs. 1 erhält folgende Fassung:

Als civilverantwortlich sind außer dem Forstfrevler vorzuladen und als haftbar für Geldstrafe, Werth- und Schadensersatz, dann für die Kosten — vorbehaltlich des Rückgriffes, wo ein solcher statt hat, — mit zu verurtheilen:

1. die Ehemänner wegen der Frevel ihrer bei ihnen wohnenden Ehefrauen;
2. die Väter und nach ihrem Tode die Mütter wegen der Frevel ihrer bei ihnen wohnenden und noch unverheiratheten Kinder (leibliche Kinder, Stief-, Adoptiv- und Pflegekinder);
3. die Vormünder und Pfleger sowie überhaupt diejenigen, welchen Minderjährige in Pflege gegeben sind, wegen der Frevel der bei ihnen wohnenden Pflegebefohlenen;
4. die Dienstherrschaften wegen der Frevel ihrer bei ihnen wohnenden Dienstboten;
5. die Lehrmeister und Gewerbsleute wegen der Frevel ihrer Zöglinge, Gesellen und Gehilfen, solange diese Personen unter ihrer Aufsicht stehen;
6. die Geschäftsgeber wegen der Frevel ihrer Arbeiter und Geschäftsträger, wenn der Frevel in oder bei der Ausführung der aufgetragenen oder anvertrauten Verrichtungen geschah.

II. Im Art. 16 wird

1. der Eingang des Abs. 1 dahin geändert:
„Die öffentliche Klage wegen Forstfrevels verjährt:“
2. der Abs. 3 aufgehoben.

C. Jagd, Fischerei und Bergbau.

1. Nachtrag zum Jagdausübungsgesetz (Sammlung S. 262).

Durch Art. 143 des Ausführungsgesetzes zum Bürgerlichen Gesetzbuche (Ges.- und Verordn.-Bl. Beilage zu Nr. 28 S. 39) wurde eingefügt:

Art. **1a.** Dem Jagdrecht unterliegen die wilden Säugethiere und Vögel, deren Fleisch, Pelzwerk oder Gefieder verwerthet zu werden pflegt oder die als Raubthiere diesem Wilde nachstellen. Die Thiergattungen, welche zu dem jagdbaren Wilde gehören, können durch Königliche Verordnung bestimmt werden.

Das ausschließliche Recht des Jagdberechtigten erstreckt sich auf die verendeten Thiere sowie auf die Eier des Federwildes.

Diese Vorschriften gelten auch für die Pfalz.

3a. Kgl. Verordnung vom 11. Juli 1900, die jagdbaren Thiere betreffend. (Ges.- und Verordn.-Bl. S. 693.)

§ **1.** Folgende Thiere werden für jagdbar erklärt:

A. Haarwild.

1. Rothwild, 2. Damwild, 3. Rehwild, 4. Gemswild, 5. Schwarzwild, 6. der gemeine Hase und der Alpenhase, 7. das wilde Kaninchen, 8. das Murmelthier, 9. der Biber, 10. der Fuchs, 11. die Wildkatze und die verwilderte Hauskatze, 12. der Dachs, 13. der Fischotter, 14. der Sumpfotter (Nörz), 15. die Marder, 16. der Iltis, 17. die Wiesel.

B. Federwild.

1. Auerwild, 2. Birkwild, 3. Rackelwild, 4. das Haselhuhn, 5. das Schneehuhn, 6. das Steinhuhn, 7. das Feldhuhn, 8. die Wachtel, 9. die Fasanen, 10. das wilde Truthuhn, 11. das Steppenhuhn, 12. die Wildtauben (Ringel-, Hohl- und Turteltaube), 13. der Krammetsvogel (Wachholder-Drossel), 14. die Waldschnepfe und die Bekassinen, 15. der Kiebitz, 16. der Brachvogel (Moosgrille), 17. die Trappen, 18. der Kranich, 19. die Reiher, darunter die Rohrdommel, 20. alle übrigen Sumpfvögel sowie Wasser- und Rohrhühner mit Ausnahme der Störche, 21. die wilden Schwäne, 22. die Wildgänse, 23. die Wildenten, 24. die Säger, 25. die Möven mit Ausnahme der Lachmöve und die Seeschwalben, 26. der Kormoran (Scharbe), 27. die Taucher, 28. der Uhu, 29. die Adler, 30. die Falken mit Ausnahme des Thurmfalken, 31. der Habicht und der Sperber, 32. die Weihen, 33. die Milane, 34. die Bussarde, 35. die Geier.

§ 2. Die Staatsministerien der Justiz, des Innern und der Finanzen werden ermächtigt, weitere Thiergattungen, welche der Begriffsbestimmung in Art. 1a des Jagdgesetzes vom 30. März 1850 entsprechen und durch Einwanderung oder künstliche Einbürgerung in das Gebiet des Königreichs gelangt sind oder gelangen werden, für jagdbar zu erklären.

§ 3. Diese Verordnung gilt auch für die Pfalz.

8. Oberbergpolizeiliche Vorschriften des k. Staatsministeriums des Innern vom 30. Juli 1900. (Ges.- und Verordn.-Bl. S. 843.)

§ 146. Der Eintritt in die Bergwerke und Aufbereitungsanlagen, in die Schachtgebäude sowie in alle Räumlichkeiten über oder unter Tags, in denen Maschinen, Dampfkessel oder andere Betriebsvorrichtungen aufgestellt sind, ist außer den bei den betreffenden Betriebszweigen beschäftigten Personen, den Werksbeamten und den Organen der Bergbehörde nur den mit amtlichen Fahrscheinen versehenen Personen sowie denjenigen gestattet, welche von der Betriebsleitung hiezu die Erlaubniß erhalten haben.

Solchen Personen muß bei Besichtigung der Anlagen in der Grube wie über Tag ein sachkundiger Führer mitgegeben werden.

Das Betreten der Werkplätze, der Anlagen sowie der Betriebsgeleise, der Böschungen, Berg- und Aschenhalden durch Unbefugte ist verboten. Das Verbot ist durch Warnungstafeln ersichtlich zu machen.

Wenn der Bergwerksbesitzer bestimmten Personen das Betreten der Berghalden zum Zwecke des Auffammelns von Kohlen, Braschen und sonstigen Abfällen gestatten will, so ist er verpflichtet, die Beschäftigung jener Personen zu überwachen und die hiezu angewiesene Aufsichtsperson mit der erforderlichen Instruktion zu versehen.

§ **147.** Zuwiderhandlungen gegen die vorstehenden Bestimmungen werden gemäß Art. 231 Abs. 1 und 2 des Berggesetzes mit Geldstrafe bis zu dreihundert Mark und im Unvermögensfalle mit Haft bestraft.

D. Gewerbe, Handel und Verkehr.

1. Nachtrag zur Reichsgewerbeordnung (Sammlung S. 280).

Aenderungen durch Art. 36 des Einführungsgesetzes zum Bürgerlichen Gesetzbuche (Reichs-Ges.-Bl. 1896 S. 612) und das Reichsgesetz vom 30. Juni 1900, betreffend die Abänderung der Gewerbeordnung (Reichs-Ges.-Bl. S. 321); Neuredaktion vom 26. Juli 1900, Reichs-Ges.-Bl. S. 871.

I. Am Schlusse des § 16 Abs. 2 ist anzufügen:

„Die Anlagen zur Herstellung von Gußstahlkugeln mittels Kugelschrotmühlen (Kugelfräsmaschinen), die Anlagen zur Herstellung von Zündschnüren und von elektrischen Zündern."

II. Im § 34 Abs. 1 werden nach den Worten: „Geschäft eines Pfandverleihers" im ersten Satze die Worte: „Pfandvermittlers, Gesindevermiethers oder Stellenvermittlers" und nach den Worten: „die Erlaubniß" im dritten Satze die Worte: „zum Betriebe des Pfandleihgewerbes" eingeschaltet.

III. Im ersten Satze des § 35 Abs. 3 werden nach den Worten: „schriftlichen Aufsätze" die Worte: „von der gewerbsmäßigen Auskunftertheilung über Vermögensverhältnisse oder persönliche Angelegenheiten" eingeschaltet und die Worte: „von dem Geschäfte eines Gesindevermiethers und eines Stellenvermittlers" gestrichen.

IV. An Stelle des § 38 Abs. 1 treten folgende Bestimmungen:

Die Centralbehörden sind befugt, über den Umfang der Befugnisse und Verpflichtungen sowie über den Geschäftsbetrieb der Pfandleiher, Pfandvermittler, Gesindevermiether,

Stellenvermittler und Auktionatoren, soweit darüber die Landesgesetze nicht Bestimmungen treffen, Vorschriften zu erlassen.

Die in dieser Beziehung hinsichtlich der Pfandleiher bestehenden landesgesetzlichen Bestimmungen finden auf den in § 34 Abs. 2 bezeichneten Geschäftsbetrieb Anwendung. Soweit es sich um diesen Geschäftsbetrieb handelt, gilt die Zahlung des Kaufpreises als Hingabe des Darlehens, der Unterschied zwischen dem Kaufpreis und dem verabredeten Rückkaufpreis als bedungene Vergütung für das Darlehen und die Uebergabe der Sache als Verpfändung derselben für das Darlehen.

Hinsichtlich der Gesindevermiether und Stellenvermittler sind die Centralbehörden insbesondere befugt, die Ausübung des Gewerbes im Umherziehen sowie die gleichzeitige Ausübung des Gast- und Schankwirthschaftsgewerbes zu beschränken oder zu untersagen.

V. Im § 36 Abs. 1 wird nach dem Worte: „Auktionatoren" eingefügt: „Bücherrevisoren".

VI. Hinter § 41a wird eingeschaltet:

§ 41b. Auf Antrag von mindestens zwei Dritteln der betheiligten Gewerbetreibenden kann für eine Gemeinde oder mehrere örtlich zusammenhängende Gemeinden durch die höhere Verwaltungsbehörde vorgeschrieben werden, daß an Sonn- und Festtagen in bestimmten Gewerben, deren vollständige oder theilweise Ausübung zur Befriedigung täglicher oder an diesen Tagen besonders hervortretender Bedürfnisse der Bevölkerung erforderlich ist, ein Betrieb nur insoweit stattfinden darf, als Ausnahmen von den im § 105b Abs. 1 getroffenen Bestimmungen zugelassen sind.

Der Bundesrath ist befugt, Bestimmungen darüber zu erlassen, welche Gewerbetreibende als betheiligt anzusehen sind und in welchem Verfahren die erforderliche Zahl von Gewerbetreibenden festzustellen ist.

VII. Im ersten Satze des § 53 Abs. 3 werden nach den Worten: „begonnen haben" die Worte: „sowie Pfandvermittlern, Gesindevermiethern und Stellenvermittlern, welche vor dem 1. Oktober 1900 den Gewerbebetrieb begonnen haben", eingeschaltet.

VIII. Der Ziff. 9 des § 56 Abs. 2 werden die Worte: „sowie Bruchbänder" hinzugefügt.

IX. Hinter § 75 wird eingeschaltet:

§ 75a. Die Gesindevermiether und Stellenvermittler sind verpflichtet, das Verzeichniß der von ihnen für ihre gewerblichen Leistungen aufgestellten Taxen der Ortspolizeibehörde einzureichen und in ihren Geschäftsräumen an einer in die Augen fallenden Stelle anzuschlagen. Diese Taxen dürfen zwar jederzeit abgeändert werden, bleiben aber solange in Kraft, bis die Abänderung der Polizeibehörde angezeigt und das abgeänderte Verzeichniß in den Geschäftsräumen angeschlagen ist.

Die Gesindevermiether und Stellenvermittler sind ferner verpflichtet, dem Stellesuchenden vor Abschluß des Vermittelungsgeschäftes die für ihn zur Anwendung kommende Taxe mitzutheilen.

X. Im § 107 Abs. 1 werden

1. im Satz 4 die Worte: „an den Vater oder Vormund, sofern diese es verlangen", ersetzt durch die Worte:

   „an den gesetzlichen Vertreter, sofern dieser es verlangt",

2. im Satz 5 die Worte: „an die Mutter", ersetzt durch die Worte:

   „an die zur gesetzlichen Vertretung nicht berechtigte Mutter".

XI. Im § 110 Abs. 1 werden die Worte: „seines Vaters oder Vormundes" ersetzt durch die Worte:

„seines gesetzlichen Vertreters".

XII. Im § 113 tritt an die Stelle des Abs. 4 folgende Vorschrift:

Ist der Arbeiter minderjährig, so kann das Zeugniß von dem gesetzlichen Vertreter gefordert werden. Dieser kann verlangen, daß das Zeugniß an ihn, nicht an den Minderjährigen ausgehändigt werde. Mit Genehmigung der Gemeindebehörde des im § 108 bezeichneten Ortes kann auch gegen den Willen des gesetzlichen Vertreters die Aushändigung unmittelbar an den Arbeiter erfolgen.

XIII. Hinter § 114 wird eingeschaltet:

§ 114a. Für bestimmte Gewerbe kann der Bundesrath Lohnbücher oder Arbeitszettel vorschreiben. In diese sind von dem Arbeitgeber oder dem dazu Bevollmächtigten einzutragen:

1. Art und Umfang der übertragenen Arbeit, bei Akkordarbeit die Stückzahl;
2. die Lohnsätze;
3. die Bedingungen für die Lieferung von Werkzeugen und Stoffen zu den übertragenen Arbeiten.

Der Bundesrath kann bestimmen, daß in die Lohnbücher oder Arbeitszettel auch die Bedingungen für die Gewährung von Kost und Wohnung einzutragen sind, sofern Kost oder Wohnung als Lohn oder Theil des Lohnes gewährt werden sollen.

Auf die Eintragungen finden die Vorschriften des § 111 Abs. 2 bis 4 entsprechende Anwendung.

Das Lohnbuch oder der Arbeitszettel ist von dem Arbeitgeber auf seine Kosten zu beschaffen und dem Arbeiter nach Vollziehung der vorgeschriebenen Eintragungen vor oder bei der Uebergabe der Arbeit kostenfrei einzuhändigen.

Die Lohnbücher sind mit einem Abdrucke der Bestimmungen der §§ 115 bis 119a Abs. 1 und des § 119b zu versehen. Im Uebrigen wird die Einrichtung der Lohnbücher durch den Reichskanzler bestimmt.

Auf die von dem Bundesrathe getroffenen Anordnungen findet die Bestimmung im § 120e Abs. 4 Anwendung.

XIV. Im § 119b wird statt: „§§ 115 bis 119a" gesetzt: „§§ 114a bis 119a".

XV. Im § 120 Abs. 3 wird hinter den Worten: „achtzehn Jahren" eingefügt: „sowie für weibliche Handlungsgehilfen und -Lehrlinge unter achtzehn Jahren".

XVI. Im § 134b Abs. 1 Ziff. 2 wird am Schlusse hinzugefügt:

„mit der Maßgabe, daß die regelmäßige Lohnzahlung nicht am Sonntage stattfinden darf. Ausnahmen können von der unteren Verwaltungsbehörde zugelassen werden".

XVII. Der § 136 Abs. 1 erhält folgenden Zusatz:

Eine Vor- und Nachmittagspause braucht nicht gewährt zu werden, sofern die jugendlichen Arbeiter täglich nicht länger als acht Stunden beschäftigt werden, und die Dauer ihrer durch eine Pause nicht unterbrochenen Arbeitszeit am Vor- und Nachmittage je vier Stunden nicht übersteigt.

XVIII. Der letzte Absatz des § 138a erhält folgende Fassung:

Die untere Verwaltungsbehörde kann die Beschäftigung von Arbeiterinnen über sechzehn Jahre, welche kein Hauswesen zu besorgen haben und eine Fortbildungsschule nicht besuchen, bei den im § 105c Abs. 1 unter Ziff. 3 und 4 bezeichneten Arbeiten an Sonnabenden und Vorabenden von Festtagen Nachmittags nach fünfeinhalb Uhr, jedoch nicht über achteinhalb Uhr Abends hinaus gestatten. Die Erlaubniß ist schriftlich zu ertheilen. Eine Abschrift derselben ist in den Fabriksräumen, in welchen die Arbeiterinnen beschäftigt werden, an einer in die Augen fallenden Stelle auszuhängen.

XIX. Hinter § 139b wird eingeschaltet:

VI. Gehilfen, Lehrlinge und Arbeiter in offenen Verkaufsstellen.

§ 139c. In offenen Verkaufsstellen und den dazu gehörenden Schreibstuben (Komtore) und Lagerräumen ist den Gehilfen, Lehrlingen und Arbeitern nach Beendigung der täglichen Arbeitszeit eine ununterbrochene Ruhezeit von mindestens zehn Stunden zu gewähren.

In Gemeinden, welche nach der jeweilig letzten Volkszählung mehr als zwanzigtausend Einwohner haben, muß die Ruhezeit in offenen Verkaufsstellen, in denen zwei oder mehr Gehilfen und Lehrlinge beschäftigt werden, für diese mindestens elf Stunden betragen; für kleinere Ortschaften kann diese Ruhezeit durch Ortsstatut vorgeschrieben werden.

Innerhalb der Arbeitszeit muß den Gehilfen, Lehrlingen und Arbeitern eine angemessene Mittagspause gewährt werden. Für Gehilfen, Lehrlinge und Arbeiter, die ihre Hauptmahlzeit außerhalb des die Verkaufsstelle enthaltenden Gebäudes einnehmen, muß diese Pause mindestens ein und eine halbe Stunde betragen.

§ 139d. Die Bestimmungen des § 139c finden keine Anwendung:

1. auf Arbeiten, die zur Verhütung des Verderbens von Waaren unverzüglich vorgenommen werden müssen,
2. für die Aufnahme der gesetzlich vorgeschriebenen Inventur sowie bei Neueinrichtungen und Umzügen,
3. außerdem an jährlich höchstens dreißig von der Ortspolizeibehörde allgemein oder für einzelne Geschäftszweige zu bestimmenden Tagen.

§ 139e. Von neun Uhr Abends bis fünf Uhr Morgens müssen offene Verkaufsstellen für den geschäftlichen Verkehr geschlossen sein. Die beim Ladenschluß im Laden schon anwesenden Kunden dürfen noch bedient werden.

Ueber neun Uhr Abends dürfen Verkaufsstellen für den geschäftlichen Verkehr geöffnet sein:

1. für unvorhergesehene Nothfälle,
2. an höchstens vierzig von der Ortspolizeibehörde zu bestimmenden Tagen, jedoch bis spätestens zehn Uhr Abends,
3. nach näherer Bestimmung der höheren Verwaltungsbehörde in Städten, welche nach der jeweilig letzten Volkszählung weniger als zweitausend Einwohner haben, sowie in ländlichen Gemeinden, sofern in denselben der Geschäftsverkehr sich vornehmlich auf einzelne Tage der Woche oder auf einzelne Stunden des Tages beschränkt.

Die Bestimmungen der §§ 139c und 139d werden durch die vorstehenden Bestimmungen nicht berührt.

Während der Zeit, wo die Verkaufsstellen geschlossen sein müssen, ist das Feilbieten von Waaren auf öffentlichen Wegen, Straßen, Plätzen oder an anderen öffentlichen Orten oder ohne vorherige Bestellung von Haus zu Haus im stehenden Gewerbebetriebe (§ 42b Abs. 1 Ziff. 1) sowie im Gewerbebetriebe im Umherziehen (§ 55 Abs. 1 Ziff. 1) verboten. Ausnahmen können von der Ortspolizeibehörde zugelassen werden. Die Bestimmung des § 55a Abs. 2 Satz 2 findet Anwendung.

§ 139f. Auf Antrag von mindestens zwei Drittel der betheiligten Geschäftsinhaber kann für eine Gemeinde oder mehrere örtlich unmittelbar zusammenhängende Gemeinden durch Anordnung der höheren Verwaltungsbehörde nach Anhörung der Gemeindebehörden für alle oder einzelne Geschäftszweige angeordnet werden, daß die offenen Verkaufsstellen während bestimmter Zeiträume oder während des ganzen Jahres auch in der Zeit zwischen acht und neun Uhr Abends und zwischen fünf und sieben Uhr Morgens für den geschäftlichen Verkehr geschlossen sein müssen. Die Bestimmungen der §§ 139c und 139d werden hiedurch nicht berührt.

Auf Antrag von mindestens einem Drittel der betheiligten Geschäftsinhaber hat die höhere Verwaltungsbehörde die betheiligten Geschäftsinhaber durch ortsübliche Bekanntmachung oder besondere Mittheilung zu einer Aeußerung für oder gegen die Einführung des Ladenschlusses im Sinne des vorstehenden Absatzes aufzufordern. Erklären sich zwei Drittel der Abstimmenden für die Einführung, so kann die höhere Verwaltungsbehörde die entsprechende Anordnung treffen.

Der Bundesrath ist befugt, Bestimmungen darüber zu erlassen, in welchem Verfahren die erforderliche Zahl von Geschäftsinhabern festzustellen ist.

Während der Zeit, wo Verkaufsstellen auf Grund des Abs. 1 geschlossen sein müssen, ist der Verkauf von Waaren der in diesen Verkaufsstellen geführten Art sowie das Feilbieten von solchen Waaren auf öffentlichen Wegen, Straßen, Plätzen oder an anderen öffentlichen Orten oder ohne vorherige Bestellung von Haus zu Haus im stehenden Gewerbebetriebe (§ 42b Abs. 1 Ziff. 1) sowie im Gewerbebetrieb im Umherziehen (§ 55 Abs. 1 Ziff. 1) verboten. Ausnahmen können von der Ortspolizeibehörde zugelassen werden. Die Bestimmung des § 55a Abs. 2 Satz 2 findet Anwendung.

§ 139g. Die Polizeibehörden sind befugt, im Wege der Verfügung für einzelne offene Verkaufsstellen diejenigen Maßnahmen anzuordnen, welche zur Durchführung der im § 62 Abs. 1 des Handelsgesetzbuches*) enthaltenen Grundsätze in Ansehung der Einrichtung und Unterhaltung der Geschäftsräume und der für den Geschäftsbetrieb bestimmten Vorrichtungen und Geräthschaften sowie in Ansehung der Regelung des Geschäftsbetriebes erforderlich und nach der Beschaffenheit der Anlage ausführbar erscheinen.

Die Bestimmungen im § 120d Abs. 2 bis 4 finden entsprechende Anwendung.

§ 139h. Durch Beschluß des Bundesrathes können Vorschriften darüber erlassen werden, welchen Anforderungen die Laden-, Arbeits- und Lagerräume und deren Einrichtung sowie die Maschinen und Geräthschaften zum Zwecke der Durchführung der im § 62 Abs. 1 des Handelsgesetzbuches enthaltenen Grundsätze zu genügen haben. Die Bestimmung im § 120e Abs. 4 findet Anwendung.

Soweit solche Vorschriften durch Beschluß des Bundesrathes nicht erlassen sind, können sie durch Anordnung der im § 120e Abs. 2 bezeichneten Behörden erlassen werden.

§ 139i. Die durch § 76 Abs. 4 des Handelsgesetzbuches**) sowie durch § 120 Abs. 1 begründete Verpflichtung des Geschäftsinhabers findet an Orten, wo eine vom Staate oder der Gemeindebehörde anerkannte Fachschule besteht, hinsichtlich des Besuches dieser Schule entsprechende Anwendung.

Der Geschäftsinhaber hat die Gehilfen und Lehrlinge unter achtzehn Jahren zum Besuche der Fortbildungs- und Fachschule anzuhalten und den Schulbesuch zu überwachen.

§ 139k. Für jede offene Verkaufsstelle, in welcher in der Regel mindestens zwanzig Gehilfen und Lehrlinge beschäftigt werden, ist innerhalb vier Wochen nach Inkrafttreten dieses Gesetzes oder nach der Eröffnung des Betriebes eine Arbeitsordnung zu erlassen.

---

*) § 62 Abs. 1 des Handelsgesetzbuches lautet: „Der Prinzipal ist verpflichtet, die Geschäftsräume und die für den Geschäftsbetrieb bestimmten Vorrichtungen und Geräthschaften so einzurichten und zu unterhalten, auch den Geschäftsbetrieb und die Arbeitszeit so zu regeln, daß der Handlungsgehilfe gegen eine Gefährdung seiner Gesundheit, soweit die Natur des Betriebes es gestattet, geschützt und die Aufrechterhaltung der guten Sitten und des Anstandes gesichert ist“.

**) § 76 Abs. 4 des Handelsgesetzbuches lautet: „In Betreff der Verpflichtung des Lehrherrn, dem Lehrlinge die zum Besuch einer Fortbildungsschule erforderliche Zeit zu gewähren, bewendet es bei den Vorschriften des § 120 der Gewerbeordnung“.

Auf die Arbeitsordnung finden die Vorschriften der §§ 134a, 134b Abs. 1 Ziff. 1 bis 4, Abs. 2, Abs. 3 Satz 1, des § 134c Abs. 1, Abs. 2 Satz 2 und 3, des § 134d Abs. 1 und der §§ 134e, 134 f entsprechende Anwendung.

Andere als die in der Arbeitsordnung oder in den §§ 71 und 72 des Handelsgesetzbuches vorgesehenen Gründe der Entlassung und des Austrittes aus der Arbeit dürfen im Arbeitsvertrage nicht vereinbart werden.

Die verhängten Geldstrafen sind in ein Verzeichniß einzutragen, welches den Namen des Bestraften, den Tag der Bestrafung sowie den Grund und die Höhe der Strafe ergeben und auf Erfordern der Ortspolizeibehörde jederzeit zur Einsicht vorgelegt werden muß.

Auf Arbeitsordnungen, welche vor dem Inkrafttreten dieses Gesetzes erlassen worden sind, finden die Bestimmungen der §§ 134a, 134b Abs. 1 Ziff. 1 bis 4, Abs. 2, Abs. 3 Satz 1, des § 134c Abs. 1, Abs. 2 Satz 2 und 3, des § 134e Abs. 2 und des § 134f entsprechende Anwendung. Dieselben sind binnen vier Wochen der unteren Verwaltungsbehörde in zwei Ausfertigungen einzureichen. Auf spätere Abänderungen dieser Arbeitsordnungen und auf die seit dem 1. Oktober 1899 erstmalig erlassenen Arbeitsordnungen finden der § 134d Abs. 1 und der § 134e Abs. 1 entsprechende Anwendung.

§ 139l. Auf das Halten von Lehrlingen in offenen Verkaufsstellen sowie in anderen Betrieben des Handelsgewerbes findet die Bestimmung des § 128 Anwendung.

§ 139m. Die Bestimmungen der §§ 139c bis 139i finden auf den Geschäftsbetrieb der Konsum- und anderen Vereine entsprechende Anwendung.

XX. Im § 145 Abs. 1 wird statt: „§§ 146 und 153“ gesetzt:

„§§ 145a, 146 und 153“.

XXI. Hinter § 145 wird eingeschaltet:

§ 145a. Die in den Fällen der §§ 16, 24 und 25 gemäß § 21 Ziff. 1 zugezogenen Sachverständigen werden bestraft,

1. wenn sie unbefugt Betriebsgeheimnisse offenbaren, welche durch das Verfahren zu ihrer Kenntniß gelangt sind, mit Geldstrafe bis zu eintausendfünfhundert Mark oder mit Gefängniß bis zu drei Monaten;
2. wenn sie absichtlich zum Nachtheile der Betriebsunternehmer Betriebsgeheimnisse, welche durch das Verfahren zu ihrer Kenntniß gelangt sind, offenbaren oder geheim gehaltene Betriebseinrichtungen oder Betriebsweisen, welche

durch das Verfahren zu ihrer Kenntniß gelangt sind, so-lange als diese Betriebsgeheimnisse sind, nachahmen, mit Gefängniß, neben welchem auf Verlust der bürgerlichen Ehrenrechte erkannt werden kann. Thun sie dies, um sich oder einem Anderen einen Vermögensvortheil zu verschaffen, so kann neben der Gefängnißstrafe auf Geldstrafe bis zu dreitausend Mark erkannt werden.

Im Falle der Ziff. 1 tritt die Verfolgung nur auf Antrag des Betriebsunternehmers ein.

XXII. Im § 146 Abs. 1 erhalten die Ziff. 2 und 3 folgende Fassung:

2. Gewerbetreibende, welche den §§ 135, 136, 137, 139c oder den auf Grund der §§ 139, 139a getroffenen Verfügungen zuwiderhandeln;
3. Gewerbetreibende, welche dem § 111 Abs. 3, § 113 Abs. 3 oder dem § 114a Abs. 3, soweit daselbst die Bestimmungen des § 111 Abs. 3 für anwendbar erklärt worden sind, zuwiderhandeln.

XXIII. Im § 146a wird der Schluß nach den Worten: „Beschäftigung gibt" wie folgt abgeändert:

„oder den §§ 41a, 55a, 139e, § 139f Abs. 4 oder den auf Grund des § 105b Abs. 2 erlassenen statutarischen Bestimmungen oder den auf Grund des § 41b oder des § 139f Abs. 1 getroffenen Anordnungen zuwiderhandelt".

XXIV. Im § 147 Abs. 1 Ziff. 4 werden die Worte: „auf Grund des § 120d" durch die Worte: „auf Grund der §§ 120d, 139g" und die Worte: „auf Grund des § 120e" durch die Worte: „auf Grund der §§ 120e, 139h" ersetzt.

XXV. Die Ziff. 5 des § 147 Abs. 1 erhält folgende Fassung:

5. wer eine Fabrik betreibt oder eine offene Verkaufsstelle hält, für welche eine Arbeitsordnung (§§ 134a, 139k) nicht besteht, oder wer der endgültigen Anordnung der Behörde wegen Ersetzung oder Abänderung der Arbeitsordnung nicht nachkommt.

XXVI. Der § 148 Abs. 1 wird wie folgt abgeändert:

1. Hinter Ziff. 4 wird eingeschaltet:
   4a. wer außer den Fällen des § 360 Nr. 12, § 367 Nr. 16 des Strafgesetzbuchs den auf Grund des § 38 erlassenen Vorschriften zuwiderhandelt;
2. die Ziff. 8 erhält folgende Fassung:
   8. wer bei dem Betriebe seines Gewerbes die durch die Obrigkeit oder durch Anzeige bei derselben festgelegten

Taxen überschreitet oder es unterläßt, das gemäß § 75 oder § 75a vorgeschriebene Verzeichniß einzureichen;

3. die Ziff. 12 erhält folgende Fassung:

12. wer es unterläßt, der durch § 134e Abs. 1, § 134g, § 139k Abs. 5 für ihn begründeten Verpflichtung zur Einreichung der Arbeitsordnung, ihrer Abänderungen und Nachträge nachzukommen.

XXVII. Hinter Ziff. 7 des § 149 Abs. 1 wird eingeschaltet:

7a. wer es unterläßt, gemäß §§ 75, 75a das Verzeichniß anzuschlagen oder dem Stellesuchenden vor Abschluß des Vermittelungsgeschäftes die für ihn zur Anwendung kommende Taxe mitzutheilen.

XXVIII. Im § 150 Abs. 1 Ziff. 2 werden die Worte: „in Ansehung der Arbeitsbücher" durch die Worte: „in Ansehung der Arbeitsbücher, Lohnbücher oder Arbeitszettel" ersetzt.

XXIX. Im § 150 Abs. 1 Ziff. 4 werden die Worte: „des § 120 Abs. 1" durch die Worte: „des § 120 Abs. 1, des § 139i" ersetzt.

XXX. § 150 Abs. 1 Ziff. 5 erhält folgende Fassung:

5. wer es unterläßt, den durch § 134c Abs. 3, § 139k Abs. 4 für ihn begründeten Verpflichtungen nachzukommen.

XXXI. Im § 154 Abs. 1 wird anstatt: „§§ 105 bis 133e" gesetzt: „§§ 105 bis 133e, 139c bis 139m" und hinter: „§§ 105, 106 bis 119b" eingeschaltet: „sowie, vorbehaltlich des § 139g Abs. 1 und der §§ 139h, 139l, 139m, die Bestimmungen der §§".

Anmerkung. Die mit * bezeichneten Bestimmungen (vgl. Sammlung S. 332, Anmerkung) sind nunmehr sämmtlich in Kraft getreten.

Die Anmerkungen Nr. 1 mit 11, Sammlung S. 332 ff., entsprechen nicht mehr durchwegs dem gegenwärtigen Stande. Von einer Vervollständigung wird hier abgesehen und anempfohlen, im Bedarfsfalle die Weisung der Dienstbehörde einzuholen.

4. **Nachtrag zur Konkursordnung** (Sammlung S. 335).

Der Text gilt nunmehr in der durch Reichskanzler-Bekanntmachung vom 20. Mai 1898 (Reichs-Ges.-Bl. S. 369, hier S. 612) festgestellten Fassung.

§ 239. [Gleichlautend mit dem bisherigen § 209.]

§ 240. Schuldner, welche ihre Zahlungen eingestellt haben, oder über deren Vermögen das Konkursverfahren eröffnet worden ist, werden wegen einfachen Bankerutts mit Gefängniß bestraft, wenn sie

1. durch Aufwand, Spiel oder Wette oder durch Differenzhandel mit Waaren oder Börsenpapieren übermäßige Summen verbraucht haben oder schuldig geworden sind;
2. in der Absicht, die Eröffnung des Konkursverfahrens hinauszuschieben, Waaren oder Werthpapiere auf Kredit entnommen und diese Gegenstände erheblich unter dem Werthe in einer den Anforderungen einer ordnungsmäßigen Wirthschaft widersprechenden Weise veräußert oder sonst weggegeben haben;
3. Handelsbücher zu führen unterlassen haben, deren Führung ihnen gesetzlich oblag, oder dieselben verheimlicht, vernichtet oder so unordentlich geführt haben, daß sie keine Uebersicht ihres Vermögenszustandes gewähren, oder
4. es gegen die Bestimmung des Handelsgesetzbuches unterlassen haben, die Bilanz ihres Vermögens in der vorgeschriebenen Zeit zu ziehen.

Neben der Gefängnißstrafe kann in den Fällen der Nr. 1, 2 auf Verlust der bürgerlichen Ehrenrechte erkannt werden.

Sind mildernde Umstände vorhanden, so kann auf Geldstrafe bis zu sechstausend Mark erkannt werden.

§ **241.** [Gleichlautend mit dem bisherigen § 211, jedoch mit folgendem zweiten Absatz:]

Sind mildernde Umstände vorhanden, so kann auf Geldstrafe bis zu sechstausend Mark erkannt werden.

§ **242.** [Gleichlautend mit dem bisherigen § 212.]

10. Nachtrag zum Genossenschaftsgesetz (Sammlung S. 340).

Zufolge Reichskanzler-Bekanntmachung vom 20. Mai 1898 (Reichs-Ges.-Bl. S. 369, hier S. 810) sind folgende Paragraphen zu ändern:

statt	§ 30a	zu setzen:	§ 31,
„	§ 30b	„ „	§ 32,
„	§ 145a	„ „	§ 152,
„	§ 145b	„ „	§ 153,
„	§ 145c	„ „	§ 154.

11a. Reichsgesetz vom 9. April 1900, betreffend die Bestrafung der Entziehung elektrischer Arbeit. (Reichs-Ges.-Bl. S. 228.)

§ **1.** Wer einer elektrischen Anlage oder Einrichtung fremde elektrische Arbeit mittels eines Leiters entzieht, der zur ordnungsmäßigen Entnahme von Arbeit aus der Anlage oder Einrichtung nicht bestimmt ist, wird, wenn er die Handlung in der Absicht begeht, die elektrische Arbeit sich rechtswidrig zuzueignen, mit Gefängniß und mit Geldstrafe bis zu fünfzehnhundert Mark oder mit einer dieser Strafen bestraft.

Neben der Gefängnißstrafe kann auf Verlust der bürgerlichen Ehrenrechte erkannt werden.

Der Versuch ist strafbar.

§ 2. Wird die im § 1 bezeichnete Handlung in der Absicht begangen, einem Anderen rechtswidrig Schaden zuzufügen, so ist auf Geldstrafe bis zu eintausend Mark oder auf Gefängniß bis zu zwei Jahren zu erkennen.

Die Verfolgung tritt nur auf Antrag ein.

15. Anmerkung zur Bekanntmachung vom 16. Februar 1878, das Geschäft der Trödler betreffend (Sammlung S. 346).

Die Strafbestimmung des Art. 137 des Polizeistrafgesetzbuches ist durch § 148 Ziff. 4a der Reichsgewerbeordnung ersetzt.

16. Bekanntmachung des k. Staatsministeriums des Innern vom 29. Mai 1901, den Umfang der Befugnisse und Verpflichtungen, sowie den Geschäftsbetrieb der Gesindevermiether und Stellenvermittler betreffend. (Ges.- u. Verordn.-Bl. S. 435.)

§ 1. Jede Person, welche das Gewerbe eines Gesindevermiethers oder Stellenvermittlers betreibt, ist zur ordnungsmäßigen Führung von Geschäftsbüchern nach den Formularien A und B verpflichtet.*)

§ 2. Die Geschäftsbücher müssen dauerhaft gebunden und mit fortlaufenden Seitenzahlen versehen sein. Sie müssen, bevor sie in Gebrauch genommen werden, der Distriktspolizeibehörde des Wohnortes des Geschäftsinhabers, in München der Polizeidirektion, vorgelegt werden. Findet diese die Bücher in Ordnung, so genehmigt sie die Verwendung derselben unter dem Beidrucke des Amtssiegels, indem sie zugleich auf der ersten Seite die Anzahl der Seiten bemerkt.

Das Herausnehmen oder Zusammenkleben von Blättern, sowie das Einheften von neuen Blättern ist untersagt.

Rasuren dürfen nicht vorgenommen, die Eintragungen müssen leserlich gemacht und erhalten werden.

Geschäftsbücher, welche nicht mehr benützt werden sollen, sind unter Angabe des Datums abzuschließen, der zuständigen Distrikts-

*) Die Formularien sind im Ges.- und Verordn.-Bl. 1901 S. 441—447 zum Abdruck gebracht.

polizeibehörde (Abs. 1) zur Bestätigung des Abschlusses vorzulegen und von der letzteren nach erfolgtem Abschluß zur Aufbewahrung an die Gesindevermiether und Stellenvermittler zurückzugeben. Nach dem Abschluß dürfen weitere Eintragungen nicht mehr gemacht werden. Dasselbe gilt, wenn der Geschäftsbetrieb eingestellt wird.

Die Geschäftsbücher dürfen nur mit Genehmigung der zuständigen Distriktspolizeibehörde ganz oder theilweise vernichtet oder aus den Geschäftsräumen entfernt werden.

§ 3. Die Einträge in die Geschäftsbücher sind, soweit sie sich auf die Person des die Vermittlung in Anspruch Nehmenden und die Art der zu besetzenden oder gesuchten Stelle beziehen, sofort nach Ertheilung des Vermittlungsauftrags, die persönlich oder schriftlich erfolgen kann, im Uebrigen nach Abschluß des vermittelten Gesinde- oder Dienstvertrages zu bewirken.

Kommt ein Vertrag nicht zu Stande oder wird der ertheilte Auftrag zurückgenommen, so ist dieß zu vermerken.

Schriftliche Aufträge müssen alles zum Eintrage Erforderliche enthalten; ist dieß nicht der Fall, so sind solche zur Ergänzung zurückzugeben.

§ 4. Die Geschäftsankündigungen der Gesindevermiether und Stellenvermittler müssen den Thatsachen entsprechen.

Insbesondere ist die öffentliche Ankündigung von offenen Stellen und Diensten durch Zeitungen oder auf anderem Wege nur dann zulässig, wenn durch die Geschäftsbücher nachweisbare Aufträge hiefür vorliegen.

Hiebei muß Name, Stand und Wohnung des ankündigenden Gesindevermiethers bezw. Stellenvermittlers angegeben werden.

§ 5. Die zu vermittelnden Dienste oder Stellen sind den Bewerbern unter Angabe der Art des Dienstes oder der Stelle, des Namens, Standes und Wohnortes der Dienstherrschaft, der bestimmten Lohnbezüge, der allenfalls bestimmten Dauer des Dienstverhältnisses, endlich der Zeit des Dienstantrittes sowie etwaiger besonderer Ansprüche und Vertragsbestimmungen genau zu bezeichnen.

Die zu vermittelnden Stellesuchenden sind den Dienstgebern unter Angabe von Name, Beruf, Alter, Geburtsort, Wohnung, Familienstand, früheren Arbeitsstellen, Lohn- und sonstigen Ansprüchen zu bezeichnen. Auf Verlangen sind den Kunden die bezüglichen Einträge in den Geschäftsbüchern sowie etwa übergebene Dienstbücher und Zeugnisse zur Einsicht vorzulegen.

§ 6. Der Geschäftsinhaber soll seine geschäftliche Vermittlungsthätigkeit in der Regel nur persönlich ausüben und zwar ausschließlich in seinem Geschäftslokale.

Ueber die Zulässigkeit der Stellvertretung entscheidet jeweils gemäß § 47 Abs. 1 der Gewerbeordnung die zuständige Distrikts-polizeibehörde (§ 2 Abs. 1). Die Beschäftigung von Hilfspersonal (Gehilfen, Lehrlingen, Agenten) einschließlich der Familienangehörigen ist dieser Behörde anzuzeigen, welche bei Unzuverlässigkeit dieser Personen das Erforderliche zu verfügen hat.

Das Aufsuchen von Aufträgen auf Straßen und anderen öffentlichen Orten (Gastlokalen, Vergnügungsorten, offenen Läden, Bahnhöfen, Arbeitsämtern ꝛc.) ist verboten.

§ 7. Die Gesindevermiether und Stellenvermittler dürfen nur die Aufträge solcher Stellesuchenden entgegennehmen, die ihnen glaubhaft nachweisen, daß sie für die Zeit, für die sie sich verdingen wollen, nicht anderwärts zu Diensten verpflichtet sind.

Bei der Vermittlung von Stellen für minderjährige weibliche Personen im Wirthschaftsgewerbe muß nebstdem die Ermächtigung des gesetzlichen Vertreters (der Eltern, des Vormundes) zum Diensteintritt ertheilt sein.

Eine Beeinflussung von Personen, die sich in ungekündigter Stellung befinden, seitens der Gesindevermiether und Stellenvermittler zum Zwecke der Lösung des Dienstverhältnisses ist den genannten Gewerbetreibenden verboten. Ebenso ist jede Einwirkung auf Dienstherrschaften zur Entlassung des Dienstpersonales untersagt.

§ 8. Die Gesindevermiether und Stellenvermittler sind berechtigt, für ihre ordnungsmäßigen Dienstleistungen Gebühren unter Beachtung des § 75a der Gewerbeordnung nach Maßgabe der folgenden Bestimmungen zu erheben:

Jeder Gesindevermiether und Stellenvermittler hat einen Gebührentarif festzusetzen und denselben in zwei gleichlautenden Exemplaren bei der Ortspolizeibehörde, in München bei der Polizeidirektion einzureichen.

Eine andere Entlohnung als die im Gebührentarife vorgesehenen Gebühren darf unter keiner Form gefordert oder angenommen werden.

Der Gebührentarif ist innerhalb und außerhalb des Geschäftslokales gut leserlich an einer leicht in die Augen fallenden Stelle anzubringen.

Die Vermittlungsgebühr darf nur dann erhoben werden, wenn die Vermittlungsthätigkeit zum Abschluß eines giltigen Dienstvertrages geführt hat. Sie ist von demjenigen zu entrichten, der den Auftrag ertheilt hat. Haben die beiden Vertragstheile Aufträge ertheilt, die zum Abschluß dieses Dienstvertrages geführt haben, so darf der von beiden Theilen gezahlte Gesammtbetrag die einmalige Vermittlungsgebühr nicht übersteigen.

§ 9. Die Gesindevermiether und Stellenvermittler dürfen mit solchen auswärtigen Vermittlungsgeschäften nicht in Verbindung treten, die ihnen von der zuständigen Distriktspolizeibehörde als unzuverlässig bezeichnet werden.

Bei der Vermittlung von Stellen im Auslande an weibliche Personen haben die Gesindevermiether und Stellenvermittler alle Verhältnisse mit besonderer Sorgfalt zu erheben, um Schädigungen der Stellesuchenden, namentlich in sittlicher Beziehung, fernzuhalten. Für minderjährige weibliche Personen muß außerdem die Zustimmung des gesetzlichen Vertreters (der Eltern, des Vormundes) zur Annahme einer ausländischen Stelle vorliegen.

§ 10. Dienstbotenbücher, Zeugnisse, Legitimationspapiere oder sonstige von Stellesuchenden bei Gesindevermiethern und Stellevermittlern hinterlegte Gegenstände dürfen von letzteren gegen den Willen der Hinterleger nicht zurückbehalten werden, sondern sind denselben auf Verlangen sofort auszuhändigen.

§ 11. Stellesuchende dürfen von Gesindevermiethern und Stellenvermittlern weder beherbergt noch verköstigt werden.

§ 12. Reisegelder oder sogenannte Drangelder sind den Stellesuchenden nach Bestimmung der Auftraggeber ungeschmälert auszuhändigen und dürfen keinesfalls unter etwaiger Anrechnung auf die geschuldeten Gebühren vorenthalten werden.

Besondere Auslagen, welche den Gesindevermiethern und Stellenvermittlern aus der Ausführung solcher besonderer Aufträge erwachsen, die nicht zu ihrem gewöhnlichen Geschäftsbetriebe (der eigentlichen Stellenvermittlung) gehören, sind den Auftraggebern genau zu verrechnen.

Auslagen für Gänge, Porto, Korrespondenzen und ähnliches, die mit dem Geschäftsbetriebe regelmäßig verbunden zu sein pflegen, dürfen nicht besonders berechnet werden.

Das Fordern und die Annahme von sogenannten Kautionen von den Kunden ist unzulässig.

§ 13. Gesindevermiethern und Stellenvermittlern ist der Betrieb ihres Gewerbes im Umherziehen verboten.

§ 14. Den Gesindevermiethern und Stellenvermittlern ist die gleichzeitige Ausübung des Gast- oder Schankwirthschaftsgewerbes untersagt. Auch darf das Geschäftslokal derselben sich nicht in einem Hause befinden, in welchem Gast- oder Schankwirthschaft betrieben wird.

§ 15. Die Wahl sowie jede Veränderung des Geschäftslokales sind der zuständigen Distriktspolizeibehörde (§ 2 Abs. 1) anzuzeigen und zwar das erste Mal gleichzeitig mit dem Gesuch um die Erlaubniß zum Gewerbebetriebe.

§ 16. Jeder Gesindevermiether und Stellenvermittler ist verpflichtet, die Polizeibehörden und deren Vollzugsorgane jederzeit in seine Geschäftsräume einzulassen, dieselben von deren Einrichtung, sowie von seinen Geschäftsbüchern, allen dazu gehörigen Belegen und von den in seinen Räumen befindlichen Gegenständen von Kunden Einsicht nehmen zu lassen und ihnen auf Verlangen wahrheitsgetreue Auskunft über seine Geschäftsführung zu ertheilen.

§ 17. Ein Exemplar gegenwärtiger Bekanntmachung hat jederzeit im Geschäftslokale aufzuliegen.

Anmerkung. Die Bekanntmachung vom 28. Juli 1879/18. Dezember 1883, Sammlung S. 348, ist aufgehoben. Strafbestimmung nunmehr: Reichsgewerbeordnung § 148 Ziff. 4a.

18. Anmerkung zur Bekanntmachung vom 18. Dezember 1883, betreffend die in § 35 Abs. 3 der Reichsgewerbeordnung aufgeführten Gewerbebetriebe (Sammlung S. 351).

Zu dieser Bekanntmachung enthält nunmehr § 148 Ziff. 4a der Reichsgewerbeordnung eine Strafbestimmung.

18a. Bekanntmachung des k. Staatsministeriums des Innern vom 20. Oktober 1900, den Geschäftsbetrieb der Auktionatoren betreffend. (Ges.- und Verordn.-Bl. S. 1182.)

1. Die Auktionatoren dürfen lediglich fremde Waaren und zwar nur auf Grund eines schriftlichen Auftrages versteigern, welcher den Vor- und Zunamen (die etwaige Firma und Namen der Firmeninhaber), den Wohnort und die Wohnung des Auftraggebers, die Herkunft, Art, Menge und den Werth der Waaren sowie die allenfallsigen besonderen Bedingungen für die Versteigerung zu enthalten hat.

   Der Auftrag muß auch, falls der Auftraggeber nicht selbst nachweislich der Eigenthümer der Waaren ist, den letzteren ersehen lassen und den Nachweis enthalten, daß und in welcher Weise der Eigenthümer dem Auftraggeber das Verfügungsrecht über die Waaren eingeräumt hat.

   Der Auftrag ist als Beilage zum Geschäftsregister aufzubewahren und bei Visitationen vorzulegen.

2. Die Auktionatoren dürfen bei ihren Versteigerungen weder in eigener Person noch durch Dritte Waaren ersteigern.

3. Die Versteigerung von Lebens- und Genußmitteln sowie von neuen (ungebrauchten) Waaren ist nur mit schriftlicher Genehmigung der Ortspolizeibehörde zulässig. Die Genehmigung, welche in München für Lebens- und Genußmittel dem Magistrate, für sonstige Waaren der k. Polizeidirektion zusteht, darf unter sorgfältiger Berücksichtigung der Bedürfnisse des Publikums nur für solche Lebens- und Genußmittel ertheilt werden, welche auf den Wochen- (Viktualien-) Märkten verkauft zu werden pflegen (sog. marktgängige Waaren) und völlig unverdorben und unverfälscht sind. Bei sonstigen Waaren darf die Genehmigung zur Versteigerung nur dann erfolgen, wenn ganz besondere dieß rechtfertigende Verhältnisse vorliegen und nachgewiesen sind, so bei Versteigerung von Gegenständen aus einem Konkurse, einem Nachlasse, bei den ortsüblichen Versteigerungen von Waaren im Großen (Wein-, Obst-Auktionen), dann bei der herkömmlichen Art der Versteigerung von Gegenständen der bildenden Kunst, von Antiquitäten, Münzen, ganzen Kunstsammlungen, wobei jedoch jede Umgehung der Bestimmungen des § 56c Abs. 1 der Gewerbeordnung ausgeschlossen bleiben muß.

Die auf Grund gesetzlicher Bestimmungen vorzunehmenden öffentlichen Versteigerungen, bei welchen nur öffentlich angestellte Versteigerer in Frage kommen (vgl. § 383 Abs. 3 des Bürgerlichen Gesetzbuches), fallen selbstverständlich nicht unter vorstehende Vorschriften.

4. Im Geschäftsregister (Ziff. 3 der Bekanntmachung vom 18. Dezember 1883) ist unter lit. d—h über die Art und Menge der Waaren sowie deren Herkunft und Werth unter genauer Angabe der Firma, bezw. des Namens, Standes, Wohnortes und der Wohnung des Auftraggebers und eventuell Eigenthümers (vgl. Ziff. 1) Vortrag zu machen; in lit. f ist zu bemerken, welcher Erlös einschließlich eines etwa nach den Verkaufsbedingungen erhobenen Aufschlages für die Waaren erzielt, dann wann und in welcher Höhe der Erlös an den Auftraggeber ausgehändigt wurde.

5. Die Fabrikbezeichnung der Waaren (Firmenzeichen, Schutzmarken u. s. w.) darf nicht entfernt oder unkenntlich gemacht werden.

6. Von jeder Versteigerung hat der Auktionator mindestens drei Tage vorher der Ortspolizeibehörde, in München bei Lebens- und Genußmitteln dem Magistrate, bei den übrigen Waaren der k. Polizeidirektion unter Angabe der Ver-

steigerungsgebühren und Vorlage eines genauen Verzeichnisses der zur Versteigerung gelangenden Waaren (Art, Menge, Herkunft, ob neu oder gebraucht) Anzeige zu erstatten und bei Lebens- und Genußmitteln sowie bei neuen Waaren die Genehmigung nachzusuchen (Ziff. 3).

Das Verzeichniß hat auch den Namen des Auftraggebers zu enthalten und ist am Versteigerungstage im Auktionslokal, wo nöthig mit der ortspolizeilichen Genehmigung allgemein sichtbar anzuschlagen.

Die Vornahme der Versteigerung vor Ablauf der dreitägigen Frist kann in dringenden Fällen von der Ortspolizeibehörde gestattet werden. Insbesondere ist, wenn es sich um Gegenstände oder Waaren handelt, welche Schaden leiden oder welche, wie Fische und Obst, dem Verderben ausgesetzt sein würden, nach eventueller vorgängiger Feststellung der Reinheit und Unverdorbenheit von Lebens- und Genußmitteln beim Vorhandensein der sonstigen Voraussetzungen (Ziff. 3) die Genehmigung beschleunigt zu ertheilen.

In München hat der Magistrat die erfolgte Genehmigung zur Versteigerung von Lebens- und Genußmitteln der k. Polizeidirektion unverweilt mitzutheilen.

7. Die Versteigerung neuer und alter Waaren im gleichen Lokale an demselben Tage ist unstatthaft. Der freihändige Verkauf von Waaren im Auktionslokal ist während der Versteigerung unzulässig.

8. Jedes unlautere Geschäftsgebahren bei der Versteigerung, so trügerisches Anpreisen der Waaren, die Verleitung zum Ueberbieten durch das Aufstellen von Personen, die nur zum Schein mitbieten, das Verabreichen von Spirituosen &c., ist unstatthaft. Unzulässig sind ferner Verabredungen, welche die Betheiligung steigerungslustiger Personen zu verhindern suchen, um nach deren Ausscheiden die zu versteigernden Waaren weit unter ihrem Werthe zu erwerben (sog. Kippemachen). Denselben ist seitens der Auktionatoren thunlichst entgegenzutreten.

Das Vorschußgeben à conto des Versteigerungserlöses ist untersagt.

9. Die von den Auktionatoren gewerbsmäßig benützten Räume, in denen öffentliche Versteigerungen stattfinden, müssen jenen hygienischen, bau- und feuerpolizeilichen Anforderungen entsprechen, welche an öffentliche Lokale mit einem größeren Menschenverkehre zu stellen sind.

10. Die Auktionatoren sind verpflichtet, den Beamten und Sachverständigen der Polizeibehörden jeder Zeit die Entnahme von Proben aus den zur Versteigerung kommenden Waaren behufs Feststellung der Beschaffenheit und des Werthes derselben zu gestatten und jeden verlangten Aufschluß zu ertheilen.

Die oberpolizeilichen Vorschriften über den Geschäftsbetrieb der Auktionatoren müssen in einer für Jedermann sichtbaren und lesbaren Weise und zwar im Druck unmittelbar neben den Eingängen bezw. Ausgängen im Versteigerungslokal angebracht sein. Die Versteigerungsbedingungen sind vor der Versteigerung vom Versteigerer laut und deutlich zu verlesen und in deutlicher Schrift und an einer Stelle, wo sie leicht zugänglich und gut lesbar sind, anzuschlagen.

Zuschläge zum Strichschilling dürfen nur bei den im Kunsthandel üblichen Versteigerungen erhoben werden und muß deren Höhe ausdrücklich in den Versteigerungsbedingungen erwähnt werden.

Anmerkung. Strafbestimmungen: § 367 Nr. 16 des Reichsstrafgesetzbuches, § 148 Ziff. 4a der Reichsgewerbeordnung.

19a. Nachtrag zur Bekanntmachung vom 1. Januar 1894, den gewerbsmäßigen Betrieb des Handels mit ländlichen Grundstücken betreffend (Sammlung S. 352).

Durch Ministerial-Bekanntmachung vom 3. Oktober 1899, Ges.- und Verordn.-Bl. S. 844, wurde Nachstehendes angeordnet:

Wer den Handel mit ländlichen Grundstücken gewerbsmäßig betreibt, ist verpflichtet, binnen acht Tagen nach Abschluß des Vertrages der Distriktsverwaltungsbehörde Anzeige zu erstatten, wenn er ein Waldgrundstück erwirbt oder für sich oder für einen Anderen veräußert.

Zuständig ist die Distriktsverwaltungsbehörde, in deren Bezirk das Waldgrundstück gelegen ist.

Die Anzeige hat zu enthalten:

a) die genaue Bezeichnung des Waldgrundstückes nach der Steuergemeinde, der katastermäßigen Plan-Nummer, dem Namen und der Fläche;
b) den Namen, Stand und Wohnort des früheren Besitzers oder des Erwerbers des Waldgrundstückes und
c) im Falle der Veräußerung des Waldgrundstückes auch Aufschluß darüber, ob diese mit dem Holze auf dem Stamme oder ohne dieses erfolgt ist.

Der Tag der erfolgten Anzeige ist von dem Güterhändler in dem nach der Ministerial-Bekanntmachung vom 1. Januar 1894 zu führenden Geschäftstagebuche zu verzeichnen.

Anmerkung. Strafbestimmung nunmehr: Reichsgewerbeordnung § 148 Ziff. 4a.

E. Versicherungs- und Unterstützungswesen.

2. Reichsgesetz über die privaten Versicherungsunternehmungen vom 12. Mai 1901. (Reichs-Ges.-Bl. S. 139.)

§ 108. Wer im Inlande das Versicherungsgeschäft ohne die vorgeschriebene Erlaubniß betreibt, wird mit Geldstrafe bis zu eintausend Mark oder mit Haft oder mit Gefängniß bis zu drei Monaten bestraft.

Die gleiche Strafe trifft denjenigen, welcher im Inlande für eine daselbst zum Geschäftsbetriebe nicht befugte Unternehmung einen Versicherungsvertrag als Vertreter oder Bevollmächtigter abschließt oder den Abschluß von Versicherungsanträgen gewerbsmäßig vermittelt.

Die Vorschrift der Nr. 9 des § 360 des Strafgesetzbuches ist, soweit sie sich auf Versicherungsunternehmungen im Sinne dieses Gesetzes bezieht, aufgehoben.

Anmerkung. Mit Inkrafttreten des Reichsgesetzes tritt § 1 der Verordnung vom 11. September 1872, Sammlung S. 355, außer Kraft. Gleichzeitig verliert der ebendort abgedruckte § 4 der Verordnung vom 4. Januar 1872 im gleichen Umfange wie § 360 Nr. 9 des Reichsstrafgesetzbuches seine Geltung.

5. Gewerbe-Unfallversicherungsgesetz. (Reichs-Ges.-Bl. 1900, S. 585.)

§ 150. Die Mitglieder der Vorstände der Genossenschaften, deren technische Aufsichtsbeamte und Rechnungsbeamte (§§ 119, 120) und die nach § 120 ernannten Sachverständigen sowie die Beisitzer der Schiedsgerichte (§ 9 des Gesetzes, betreffend die Abänderung der Unfallversicherungsgesetze) werden, wenn sie unbefugt Betriebsgeheimnisse offenbaren, welche kraft ihres Amtes oder Auftrages zu ihrer Kenntniß gelangt sind, mit Geldstrafe bis zu eintausendfünfhundert Mark oder mit Gefängniß bis zu drei Monaten bestraft.

Die Verfolgung tritt nur auf Antrag des Betriebsunternehmers ein.

§ **151.** Die im § 150 bezeichneten Personen werden mit Gefängniß, neben welchem auf Verlust der bürgerlichen Ehrenrechte erkannt werden kann, bestraft, wenn sie absichtlich zum Nachtheile der Betriebsunternehmer Betriebsgeheimnisse, welche kraft ihres Amtes oder Auftrags zu ihrer Kenntniß gelangt sind, offenbaren, oder geheim gehaltene Betriebseinrichtungen oder Betriebsweisen, welche kraft ihres Amtes oder Auftrags zu ihrer Kenntniß gelangt sind, solange als diese Betriebsgeheimnisse sind, nachahmen.

Thun sie dies, um sich oder einem Anderen einen Vermögensvortheil zu verschaffen, so kann neben der Gefängnißstrafe auf Geldstrafe bis zu dreitausend Mark erkannt werden.

Anmerkung. Die seitherige Ziff. 5, Sammlung S. 357, ist zu streichen.

6. Unfallversicherungsgesetz für Land- und Forstwirthschaft. (Reichs-Ges.-Bl. S. 641.)

§ **160.** Die Mitglieder der Vorstände der Genossenschaften und die Mitglieder der Genossenschaftsausschüsse zur Entscheidung über Beschwerden (§ 38 Ziff. 3), ingleichen die in Gemäßheit der §§ 126, 127 ernannten technischen Aufsichtsbeamten und Sachverständigen sowie die Beisitzer der Schiedsgerichte (§ 9 des Gesetzes, betreffend die Abänderung der Unfallversicherungsgesetze,) werden, wenn sie unbefugt Betriebsgeheimnisse offenbaren, welche kraft ihres Amtes oder Auftrags zu ihrer Kenntniß gelangt sind, mit Geldstrafe bis zu eintausendfünfhundert Mark oder mit Gefängniß bis zu drei Monaten bestraft.

Die Verfolgung tritt nur auf Antrag des Betriebsunternehmers ein.

§ **161.** Die im § 160 bezeichneten Personen werden mit Gefängniß u. s. w. [gleichlautend mit § 151 oben, Zeile 2 ff.].

Anmerkung. Die seitherige Ziff. 6, Sammlung S. 358, ist zu streichen.

7. Invalidenversicherungsgesetz vom 13. Juli 1899. (Reichs-Ges.-Bl. S. 463.)

§ **180.** Den Arbeitgebern und ihren Angestellten ist untersagt, durch Uebereinkunft oder mittelst Arbeitsordnungen die Anwendung der Bestimmungen dieses Gesetzes zum Nachtheile der Versicherten ganz oder theilweise auszuschließen oder dieselben in der Uebernahme oder Ausübung eines in Gemäßheit dieses Gesetzes ihnen übertragenen Ehrenamts zu beschränken. Vertragsbestimmungen, welche diesem Verbote zuwiderlaufen, haben keine rechtliche Wirkung.

Arbeitgeber oder deren Angestellte, welche gegen die vorstehende Bestimmung verstoßen, werden, sofern nicht nach anderen gesetzlichen Vorschriften eine härtere Strafe eintritt, mit Geldstrafe bis zu dreihundert Mark oder mit Haft bestraft.

§ 181. Die gleiche Strafe (§ 180) trifft, sofern nicht nach anderen Gesetzen eine höhere Strafe verwirkt ist,

1. Arbeitgeber, welche den von ihnen beschäftigten, dem Versicherungszwang unterliegenden Personen an Beiträgen in rechtswidriger Absicht mehr bei der Lohnzahlung in Anrechnung bringen, als nach § 34 Abs. 4, § 142 zulässig ist, oder welche es unterlassen, entgegen der Vorschrift des § 142 Abs. 4 die dort gebotenen Lohnabzüge zu machen, oder den bei Anwendung des § 52a des Krankenversicherungsgesetzes auf die Beiträge zur Invalidenversicherung sich ergebenden Verpflichtungen nachzukommen;
2. Angestellte, welche einen solchen größeren Abzug in rechtswidriger Absicht bewirken;
3. Versicherte, welche die Beiträge selbst entrichten, wenn sie dabei von dem Arbeitgeber in rechtswidriger Absicht mehr erstattet verlangen, als nach § 34 Abs. 4, §§ 144, 145 zulässig ist, oder wenn sie für die gleiche Beitragswoche die Erstattung des vollen Beitragsantheils von mehr als einem Arbeitgeber in Anspruch nehmen oder es unterlassen, den vom Arbeitgeber erhobenen Beitragsantheil zur Entrichtung des Beitrages zu verwenden;
4. Personen, welche dem Berechtigten eine Quittungskarte widerrechtlich vorenthalten.

§ 182. Arbeitgeber, welche den von ihnen beschäftigten Personen auf Grund des § 142 Lohnbeträge in Abzug bringen, die abgezogenen Beträge aber nicht zu Zwecken der Versicherung verwenden, werden, falls nicht nach anderen Gesetzen eine höhere Strafe verwirkt ist, mit Geldstrafe bis zu dreihundert Mark oder mit Haft bestraft.

Wurde die Verwendung in der Absicht unterlassen, sich oder einem Dritten einen rechtswidrigen Vermögensvortheil zu verschaffen oder die Versicherungsanstalt oder die Versicherten zu schädigen, so tritt Gefängnißstrafe ein, neben welcher auf Geldstrafe bis zu dreitausend Mark sowie auf Verlust der bürgerlichen Ehrenrechte erkannt werden kann. Sind mildernde Umstände vorhanden, so darf ausschließlich auf Geldstrafe erkannt werden.

§ 183. Die Strafbestimmungen der §§ 175, 176, 179 bis 182 finden auch auf die gesetzlichen Vertreter handlungsunfähiger Arbeitgeber, desgleichen auf die Mitglieder des Vorstandes einer

Aktiengesellschaft, Innung oder eingetragenen Genossenschaft sowie auf die Liquidatoren einer Handelsgesellschaft, Innung oder eingetragenen Genossenschaft Anwendung.

§ **184.** Wer in Quittungskarten Eintragungen oder Vermerke macht, welche nach § 139 unzulässig sind, oder wer in Quittungskarten den Vordruck oder die zur Ausfüllung des Vordrucks eingetragenen Worte oder Zahlen verfälscht oder wissentlich von einer derart verfälschten Karte Gebrauch macht, kann von der unteren Verwaltungsbehörde und da, wo Rentenstellen die Beitragskontrole übertragen ist, von dem Vorsitzenden derselben mit Geldstrafe bis zu zwanzig Mark belegt werden.

Sind die Eintragungen, Vermerke oder Veränderungen in der Absicht gemacht worden, den Inhaber der Quittungskarte anderen Arbeitgebern gegenüber zu kennzeichnen, so tritt Geldstrafe bis zu zweitausend Mark oder Gefängniß bis zu sechs Monaten ein. Sind mildernde Umstände vorhanden, so kann statt der Gefängnißstrafe auf Haft erkannt werden.

Eine Verfolgung wegen Urkundenfälschung (§§ 267, 268 des Reichsstrafgesetzbuchs) tritt nur ein, wenn die Fälschung in der Absicht begangen wurde, sich oder einem Anderen einen Vermögensvortheil zu verschaffen oder einem Anderen Schaden zuzufügen.

§ **185.** Die Mitglieder der Vorstände und sonstiger Organe der Versicherungsanstalten sowie die das Aufsichtsrecht über dieselben ausübenden Beamten werden, wenn sie unbefugt Betriebsgeheimnisse offenbaren, welche kraft ihres Amtes zu ihrer Kenntniß gelangt sind, mit Geldstrafe bis zu eintausendfünfhundert Mark oder mit Gefängniß bis zu drei Monaten bestraft.

Die Verfolgung tritt nur auf Antrag des Betriebsunternehmers ein.

§ **186.** Die im § 185 bezeichneten Personen werden mit Gefängniß, neben welchem auf Verlust der bürgerlichen Ehrenrechte erkannt werden kann, bestraft, wenn sie absichtlich zum Nachtheile der Betriebsunternehmer Betriebsgeheimnisse, welche kraft ihres Amtes zu ihrer Kenntniß gelangt waren, offenbaren, oder wenn sie geheim gehaltene Betriebseinrichtungen oder Betriebsweisen, welche kraft ihres Amtes zu ihrer Kenntniß gelangt sind, solange als diese Betriebsgeheimnisse sind, nachahmen.

Thun sie dies, um sich oder einem Anderen einen Vermögensvortheil zu verschaffen, so kann neben der Gefängnißstrafe auf Geldstrafe bis zu dreitausend Mark erkannt werden.

§ **187.** Mit Gefängniß nicht unter drei Monaten, neben welchem auf Verlust der bürgerlichen Ehrenrechte erkannt werden kann, wird bestraft, wer unechte Marken in der Absicht anfertigt, sie als echt zu verwenden, oder echte Marken in der Absicht verfälscht, sie zu einem höheren Werthe zu verwenden, oder wissentlich von falschen oder verfälschten Marken Gebrauch macht.

Dieselbe Strafe trifft denjenigen, welcher Marken verwendet, veräußert oder feilhält, obwohl er weiß oder den Umständen nach annehmen muß, daß die Marken bereits einmal verwendet worden sind. Sind mildernde Umstände vorhanden, so kann auf Geldstrafe bis zu dreihundert Mark oder Haft erkannt werden.

Zugleich ist auf Einziehung der Marken zu erkennen, ohne Unterschied, ob sie dem Verurtheilten gehören oder nicht. Auf diese Einziehung ist auch dann zu erkennen, wenn die Verfolgung oder Verurtheilung einer bestimmten Person nicht stattfindet.

§ 188. Mit Geldstrafe bis zu einhundertfünfzig Mark oder mit Haft wird bestraft, wer ohne schriftlichen Auftrag einer Versicherungsanstalt oder einer Behörde

1. Stempel, Siegel, Stiche, Platten oder andere Formen, welche zur Anfertigung von Marken dienen können, anfertigt oder an einen Anderen als die Versicherungsanstalt beziehungsweise die Behörde verabfolgt,
2. den Abdruck der in Ziff. 1 genannten Stempel, Siegel, Stiche, Platten oder Formen unternimmt oder Abdrücke an einen Anderen als die Versicherungsanstalt beziehungsweise die Behörde verabfolgt.

Neben der Geldstrafe oder Haft kann auf Einziehung der Stempel, Siegel, Stiche, Platten oder Formen erkannt werden, ohne Unterschied, ob sie dem Verurtheilten gehören oder nicht.

Anmerkung. Die seitherige Ziff. 7, Sammlung S. 359, ist zu streichen.

9. Nachtrag zum Armengesetz (Sammlung S. 362).

Zufolge Art. 160 Ziff. X des Ausführungsgesetzes zum Bürgerlichen Gesetzbuch tritt im Eingange des Art. 44 an die Stelle des Wortes: „Arrest" das Wort: „Haft".

Ergänzung der Schutzvorschriften für Bauarbeiter, Ministerial-Bekanntmachung vom 13. September 1901. (Ges.- u. Verordn.-Bl. S. 611.)

Auf Seite 104 ist zu § 23 folgender Abs. 1 voranzustellen:

„Auf jeder Baustelle ist zum Genusse geeignetes Wasser nebst den erforderlichen Trinkgefäßen bereitzustellen."

Inhalts-Verzeichniß

zum ersten und zweiten Nachtrag.

Zweiter Abschnitt: Medizinal- und Veterinärwesen.

Dritter Abschnitt: Erwerbswesen.

Sachregister

zum ersten und zweiten Nachtrag.

A.

S.

T.

U.

V.

*

W.

Z.

Akademische Buchdruckerei von F. Straub in München.

Druck der Akademischen Buchdruckerei von F. Straub in München.

MIX

Papier | Fördert gute Waldnutzung

FSC® C083411

Kolibri 360 GmbH
Ferdinand-Jühlke-Straße 7
99095 Erfurt, Deutschland
produktsicherheit@kolibri360.de